العلم والفلسفة الأوروبيّة الحديثة:

من كوبرنيق إلى هيوم

د. أيوب أبو ديّة

العلم والفلسفة الأوروبية الحديثة

من كوبرنيق إلى هيوم

مراجعة: المهندس صفوان البخاري

دار الفارابي

الكتاب: العلم والفلسفة الأوروبيّة الحديثة

المؤلف: د. أيوب أبو ديّة

الغلاف: فارس غصوب

الناشر: دار الفارابي ـ بيروت ـ لبنان

ت: 301461(01) ـ فاكس: 307775(01)

ص.ب: 3181/ 11 ـ الرمز البريدي: 2130 1107

e-mail: info@dar-alfarabi.com

www.dar-alfarabi.com

الطبعة الأولى 2009
ISBN: 978-9953-71-438-7

تباع النسخة الكترونياً على موقع:
www.arabicebook.com

المقدّمة

شرعت في التأسيس للعلاقة بين العلم والفلسفة بدءاً من
أطروحتي للدكتوراه حول الثورة العلمية الكبرى في أوروبا
وأثرها في الفكر العربي المعاصر، وتوطدت صلتي بها بفعل
النقاشات المستمرة مع الفيلسوف والفيزيائي "الأستاذ الدكتور
هشام غصيب" على وجه الخصوص، وما إن عرض علي
رئيس قسم الفلسفة في الجامعة الأردنية "الأستاذ الدكتور
وليد عطاري" تدريس مادتي "أعلام فلسفية" و"العلوم عند
العرب"؛ حتى عدت إلى الربط بين العلم والفلسفة من
جديد؛ على نحو منهجي أكاديمي أثمر عنه هذا الكتاب.

وقد استدعى ذلك أن أعود إلى "الفلسفة الهيلينية"، وهو
مصطلح آثرت استعماله بعد محاضرة ألقيتها بدعوة من جامعة
أثينا عام 2006؛ أبدى فيها البعض استياءَهم من مصطلح
فلسفة يونانية (Greek Philosophy)؛ لأنهم يدّعون أن الأتراك
قد أطلقوا عليهم ذلك الاسم. وعلى أي حال، كان لابد من
التأسيس للفلسفة الحديثة بإعادة بناء الفلسفة الهيلينية، على
الأقل في بضع محطات أساسية: أيونيا ديمقريطس وأرسطو،

لأن الحديث عن أرسطو ومنظومته الفكرية والفيزيائية، التي سيطرت على الفكر العالمي لمدة ألفي عام، أمر ضروري للكشف عن المسامير التي وضعت في نعش فيزيائه في القرنين السادس عشر والسابع عشر على وجه الخصوص، واحداً إثر آخر؛ بفعل تطور العلوم الحديثة وفلسفتها في الصيغة التي كانت تعرف آنذاك بفلسفة الطبيعة؛ عندما لم يكن الفصل بين العلم والفلسفة واضحاً بيّناً.

ولتحقيق الغاية المنشودة من الخطة المنهجية للبحث؛ كان لابد أن تبدأ الخطة من أيونيا والفلسفة الهيلينية، وأفصِل هنا بين أيونيا والفلسفة الهيلينية عمداً، لأن بعض جذور فلاسفة أيونيا عربية سورية ونكهتها مختلفة تماماً، بينما يصر الغرب أن الفلسفة الإغريقية هي أم الفلسفات الأوروبية فكرياً وعنصرياً.

ثم قفزت إلى عصر الإصلاح الديني في القرن السادس عشر، كي أستطيع إنجاز هذا العمل، ولا أظن أن هذا القفز مقبول منهجياً في الفلسفة، وإن كان ممكناً في العلم، وشرعت بعدها أتحدث عن الاكتشافات العلمية في القرنين المذكورين وارتباطها بنهوض الفلسفة الأوروبية الحديثة وتطورها.

لذلك جاء عنوان الكتاب: "العلم والفلسفة الأوروبية الحديثة: من كوبرنيق إلى هيوم"، ليدلل على العلاقة المتبادلة

بين العلم والفلسفة، وعلى أهمية اكتشاف كوبرنيق "مركزية الشمس" في فتح الطريق أمام نسف فيزياء أرسطو برمتها؛ وصولاً إلى هيوم الذي وصلت معه الفلسفة التجريبية إلى طريق مسدود؛ فشكلت أساساً انطلقت منه الوضعية المنطقية، فيما شكلت حيرة لدى الفيلسوف الألماني "كانط" ودفعته لنقد العقل؛ لمعرفة حدوده وإمكاناته، وفتحت الباب أمام الفلسفة الألمانية المثالية لتحلق في سماء المعرفة الفلسفية؛ ولتحقق إنجازات كونية على صعيد الفكر؛ تعويضاً لحال التخلف الواقعي المعيش - الاقتصادي والسياسي والاجتماعي - الذي كانت تعاني منه ألمانيا آنذاك مقارنة ببريطانيا وهولندا وفرنسا.

وقد تم اختيار شخصيات بارزة في تاريخ الفلسفة الحديثة لتمثيل تيارين أساسيين هما العقلانية والتجريبية أو الإمبريقية، وهذه الشخصيات الفلسفية هي:

فرانسيس بيكون، رينيه ديكارت، ليبنتز، سبينوزا، توماس هوبز، جون لوك، ديفيد هيوم. وهي شخصيات وإن كانت تمثل تياري العقلانية والتجريب في بريطانيا وفرنسا وهولندا وألمانيا، فإنها تعبّر عن الفلسفة الأوروبية بمجملها، لسببين، هما:

أولاً: كانت أوروبا متواصلة ومتداخلة ثقافياً في تلك الأزمان، كما سوف نلاحظ من خلال الحديث عن تجوال

العلماء والفلاسفة فيها، واتصالهم ببعضهم البعض على نحو وثيق.

ثانياً: لم تنفصل الفلسفة عن العلم في تلك الحقبة من تاريخ العلم والفلسفة، فالحديث عن إنتاج العلماء ليس مستقلاً عن مشروعات الفلاسفة؛ بل متداخل معه في علاقة جدلية حميمة، فهناك علماء قيد الدراسة في هذا الكتاب من بولندا كالراهب كوبرنيق، ومن إيطاليا غاليليو وتورتشيللي وبرونو، ومن الدنمارك تايكو، ومن ألمانيا كبلر، ومن بريطانيا جلبرت ونابيير وهارفي ونيوتن.

سوف يلاحظ القارئ أن هذه الدراسة بمثابة بحث في جدلية العلاقة بين العلم والفلسفة الأوروبية الحديثة، ولكنها أيضاً رؤية جديدة في بعض أوجهها؛ من حيث الإشارات لأثر بعض العلماء والفلاسفة العرب كالكندي والرازي وابن رشد تحديداً، ومن حيث تسليط الضوء على الدور السلبي الذي وصلت إليه الفلسفة التجريبية الإنجليزية مع ديفيد هيوم؛ بنفي دور العقل وإنكار وجود المادة - موضوع العلم الطبيعي.

صحيح أن الفلسفة والعلم عملا معاً في السابق، ولكن بعض الفلسفات باتت عدواً يتربص بقدرة العلم على الوصول إلى معارف يقينية، وغدت تشكك في آليات العلم ونتائجه، كما تفعل اليوم بعض تيارات فلسفة العلم المعاصرة؛ وهدف

الكتاب إلى إزالة بعض هذه الشكوك وإعطائه المقام الذي يستحق.

أخيراً، أترك للقارئ حرية الوصول إلى الاستدلالات الناجمة عن قراءَة هذه الدراسة واحترم حقه في الاختلاف مع هذه النتائج.

المؤلف
عمّان في كانون ثاني 2009

الفصل الأوّل

من الفلسفة الأيونيّة إلى أرسطو

تقديم

يمكن القول إن البشرية لم تعرف فصلاً حقيقياً بين العلوم الطبيعية والعلوم الماوراء طبيعية إلا في القرن السابع عشر في أوروبا. أخذ العلم، عند ذاك، يحيّد الدين نتيجة الثورة العلمية الكبرى؛ التي سارعت في تقدم العلوم الطبيعية وساهمت في سيطرة الأوروبيين على العالم؛ بفعل صرامة المنهجية العلمية التي وُلدت في تلك الفترة وترعرعت.

أُعلنت الثورة على فيزياء أرسطو مع كوبرنيق عام 1543 وبدأت تتضح معالم المنهجية العلمية بجلاء مع غاليليو، ثم تمخضت عن سن قوانين دقيقة للحركة بواسطة إسحاق نيوتن، ما جعل "السيطرة على قوى الطبيعة" أمراً ممكناً، فوجدنا فرانسيس بيكون يستشرف هذه المقولة مبكراً في نهايات القرن السادس عشر.

سنبدأ بتعريف "الفكر المادي" تعريفاً تاريخياً، انطلاقاً من سؤال فلاسفة أيونيا عن "أصل العالم ". ثمّ سنوضّح كيف ارتدّ الفكر المادّي إلى المثاليّة بفعل تغيّر الظّروف الموضوعيّة. ثمّ سنبحث في دواعي إحياء الفكر المادّي الإغريقي في عصر النّهضة الأوروبّيّة، وفي التّغيّر الّذي طرأ

على النّظرة إليه في العصر الحديث، تمهيداً للحديث عن الانقلاب في المنهج البيكوني، والمنهج العلمي بعامّة، نسبة إلى المنهج الأرسطي القروسطي، وكيف دمر العلم الحديث منظومة أرسطو الفكرية بصورة تدرجية فانطلق في القرن السابع عشر تياران: تيار عقلي وآخر تجريبي انتهى التيار التجريبي مع ديفيد هيوم بإنكار المادة والعقل معاً.

ومن شأن هذا الحديث أن يفتح الباب أمام تعريف "الفلسفة الأوروبية الحديثة" وتطورها في القرنين السّابع عشر والثامن عشر، ممثّلة بفلسفة كلّ من ديكارت وفرانسيس بيكون، وتوماس هوبز وجون لوك وسبينوزا وليبنتز وديفيد هيوم. كذلك، سوف نسعى إلى توضيح فلسفة ذلك العصر، السّياسيّة، وإلى إبراز إنجازاتها وارتباطها بمتطلّبات الطّبقات الصّاعدة، الّتي عكست تعاظم نفوذ التّجارة وتراكم الثّروة، وفي ارتباطها بالمنهجيّة العلميّة الحديثة التي بدأت تشقّ طريقها آنذاك، في علائقها بالتّغيرات الاجتماعيّة-السّياسيّة المتسارعة والدامية في الكثير من الأحيان.

الفكر الأيوني

نبدأ بحثنا بالتّحقّق من "مادّيّة الفكر الأيوني" الّذي تأثّر به الفكر الأوروبي، ومن أهمّيّة سؤال أيونيا عن أصل العالم، ومن أهمّيّة البحث عن الظّروف الموضوعيّة العامّة الّتي أنتجت الإشكاليّة الفكريّة آنذاك. إذ أن الجهل بذلك يَحوْل دون وقوفنا عند حدود إشكاليّتهم، وعند طبيعة الأسئلة التي كانوا قادرين على طرحها! فمن المستحيل بلوغ أجوبة صحيحة لأسئلة لم يجرِ تشكلها بعد.

لا ريب في أنّ الطّبيعة لفتت انتباه الرّجل الإغريقي الحرّ. فهل استدعت معرفته بالطّبيعة تقدّم البناء العقلي، وهل كانت حُرّيّة الإغريق سبباً كافياً لنمّو العلوم العقليّة والفلسفيّة؟

لم يكن التّطوّر العقلي، الرّياضي والفلسفي، من نصيب كل الإغريق، فإسبارطة (Sparta)، مثلاً، مدينة إغريقيّة، ولكنّها لم تنتج علماً أو فلسفة، لماذا؟ قد يتمثّل السّبب في أنّ نظامها السّياسي كان أشبه بالنّظام السّياسي الآسيوي، فلم يكن مواطنوها أحراراً على غرار أيونيا (Ionia) وأثينا

(Athens) فيما بعد. كما كانت إسبارطة تستمدّ الدّعم المادّي من فارس[1].

ولكنْ، لماذا كانت الانطلاقة الفلسفيّة المادّيّة من أيونيا بالذّات؟ فربّما تكون قد انطلقت من مكان آخر، ولكنّها لم تنضج فيه. وربّما لم يكن هناك طبقات أو فئات قادرة على تَبنّي هذه الفلسفة!

كانت أيونيا مركزاً علميّاً متقدّماً للحضارة البابليّة، وفي الوقت ذاته، كانت مركزاً تجاريّاً مهمّاً، وكانت حضارة أحرار. طاليس[2] (Thales) نفسه، كان تاجراً ناجحاً من مدينة ملطيّة (Miletus) المزدهرة بالتّجارة على شواطئ آسيا الصّغرى[3].

يرى البعض أنّ فضل طاليس على العِلم ليس في قوله أنّ أساس العالم مادّة واحدة هي الماء، أي أنّ جوهر المادّة هو الماء. فبالرّغم من أنّه فسّر الظّواهر المادّيّة بدلالة ما هو مادّي، فليس الماء ما هو مهمّ هنا، فقد بنى البابليّون والفراعنة حضارتهم حول مجاري الأنهار، وكان الماء مصدر

---

(1) جورج سارتون، تاريخ العلم؛ بإشراف إبراهيم مذكور وغيره؛ ترجمة جورج حدّاد وغيره، ط3، نيويورك: دار المعارف، 1978، ج2 .

(2) طاليس [624-546ق.م]: فيلسوف أيوني من ملطيّة ردّ موجودات العالم كلّها إلى الماء بوصفه أصل الظّواهر الطّبيعيّة جميعها.

(3) (A.R) Hall & (M.B) Hall, *A Brief History of Science,* 1st Edition, New York: Signet Books, 1964, p.19.

الحياة وعماد الميثولوجيا عندهم. إنّما يعود فضله إلى طرح السّؤال: ما أصل العالم،ممّ يتكوَّن هذا العالم في أساسه؟ فالمهم ليس الجواب، إنّما السّؤال نفسه! وهذا السّؤال تَفوَّق على الأسئلة السّابقة جميعها، التّي سعت إلى تفسير العالم من خلال قوى فوق طبيعيّة. فقد جاء هذا السّؤال باحثاً عن مادّة يتكوَّن منها العالم، مادّة قابلة للملاحظة والاختبار[4].

يعتقد البعض أنّ تفسير أرسطو (Aristotle) للسّبب الّذي دعى من أجله طاليس بالماء كجوهر للمادة، هو التّفسير الأقرب إلى الصّواب، بوصفه تفسيراً نابعاً من إشكاليّة فكريّة قريبة من إشكاليّة عصر طاليس. فقد قال أرسطو إنّ الّذي جعل طاليس يدّعي بذلك هو رؤيته النّبات والحيوان وهو يتغذّى بالرّطوبة، وإدراكه أنّ مبدأ الرّطوبة هو الماء، وأنّ ما يتغذّى منه الشّيء يتكوَّن عنه بالضرورة[5]. فهل هذا تفكير مادّي؟

بعض ممّا يدفعنا إلى الاعتقاد أن فلسفة طاليس ليست فلسفة مادية صافية، هو قول طاليس بعالم مليء بالآلهة أو النفوس، وأن في المغناطيس نفساً، لأنه يُحرّك الحديد، وأن

---

(4) W.K.C. Guthrie, *In the Beginning,* 1st Edition, London: Methuen & Co. Ltd., 1957, p. 17.

(5) حربي عبّاس عطيتو، ملامح الفكر الفلسفي عند اليونان، لاط.، الإسكندرية: دار المعرفة الجامعية، 1992، ص19 .

الروح هي قوة محركة. وقوله إن الأرض تشبه قرصاً مسطحاً طافياً على الماء، وإن الشمس والقمر والنجوم بخار متألّق في أقبية السماء الزرقاء من فوقنا إلخ[6]. كل ذلك يجعلنا نعيد النظر في ماديته. ولكنْ، ربما تكون بعض الأقوال قد نُسبت إليه، أو أنّ الروايات كلها كانت مجرد ادّعاءات تمَّ خلقها لاحقاً. وربما تعود بعض تنبؤاته إلى معرفته بالفلك البابلي، الذي أفاد بتكرر كسوف الشمس مرة كل 18عاماً و11 يوماً،.... إلخ. فهل يمكننا القول إنّ هناك سلفية مادية تحاول أن تجد لها جذوراً ضاربة في التّاريخ، على غرار المثالية التي تجد أعداداً لا حصر لها من الأمثلة في التاريخ، والتي يمكنها أن تدّعي ارتباطها بها؟

مهما يكن من أمر السلفيّة المادية، التي ربما أثارها السوفيات، بصورة خاصة، من خلال دراساتهم المستفيضة لذلك العصر، لا شك في أن طاليس طرح أسئلة فلسفية مهمة: ممّ يتكوَّن العالم؟ ما حقيقة المادة؟

ولكنْ، ألا يمكننا تصنيف هذه الأسئلة ضمن التساؤلات الميتافيزيقية؟ ألا يمكننا تصنيف الإجابات عنها كذلك! فلماذا لم يخبرنا الأيونيون، مثلاً، عن سبب الحركة الأولى، التى بدأت عملية التّحوُّل من الجوهر الأول (الماء والرطوبة) إلى

(6) إميل برهييه، تاريخ الفلسفة: الفلسفة اليونانيّة، ط2، بيروت: دار الطليعة، 1987، ج1 .

مادة الطبيعة الحية والجامدة؟ هل كان هذا السؤال بعيداً عن قدرتهم الإشكالية؟

يرى البعض أن أرسطو، وكان الأقدر على فهم مقاصد الأيونيين، اعتقد أن سبب ذلك هو رغبتهم في الحديث عن مادة تُفسّر حركتها الذاتية. وبالرغم من أنهم تجنّبوا لغة الدين، فإنهم استخدموا اسم الإله (God) أو(The Divine)، وذلك لوصف المادة الأولى. وقد سَمّاها طاليس الماء، وأنكسمندر[7] (Anaximander) اللامتعيّن، وأنكسمانس[8] (Anaximenes) الهواء.

أمّا قول طاليس إنّ كل شيء مليء بالآلهة، إنّما يُعبِّر، عند أرسطو، عن رغبة طاليس في إدخال الروح في كل شيء، لإعطائها الصّبغة الحية؛ فالماء ينبض بالحياة، ويعطي الحياة إلخ[9]. وعليه، فالقول "إنّ السّؤال: ممّ يتكوّن العالم؟ هو تفكير مادّي"، إنّما هو قول غير صحيح، ذلك لأن المثالية تطرح الروح كأساس للوجود المادي. والأيونيون لم يُميّزوا بين المادة (Matter) والروح (Spirit)، بل اختلط

---

(7) أنكسمندر [610-547 ق. م]: فيلسوف إغريقي ملطيّ، تتلمذ على طاليس، ردّ الموجودات إلى مادّة أولى تجمع كلّ الأضداد.

(8) أنكسمانس [588-524 ق. م]: آخر فلاسفة مدرسة ملطيّة، ردّ العالم كلّه إلى مادّة أولى هي الهواء.

(9) W.K.C. Guthrie, *The Greek Philosophers,* 1st Edition, London: Methuen & Co. Ltd., 1950, p.32.

الاثنان معاً في تصورهم، فقد كان مفهوم المادة مجبولاً بالروح أو الحياة.

لذلك، يمكننا القول إنّ فلسفتهم في الطبيعة لم تكن مادية خالصة؛ كانت فلسفة الطبيعة في صورتها البدائيّة التي سارت جنباً إلى جنب مع إعمال العقل النظري في الكون، فحركة المادة ذاتية نابعة من خاصيتها، وبالتالي لا وجود لقوة خارجية تحركها. وهي فكرة سوف يتم إعادة إحيائها في عصر النهضة الأوروبية كما سوف نرى.

ربّما يكون تصنيف الفلاسفة السوفيات هو الأكثر دقة في هذا المقام، وذلك لإطلاقهم على مادية أيونيا لقب "المادية العفوية"، وذلك لتمييزها عن "المادية الميكانيكية"، التي انطلقت في القرن السابع عشر، وعن "المادية الجدلية" التي ترسّخت في القرن التاسع عشر.

وتتميّز "المادية العفوية" بالملاحظة "البريئة" للطبيعة، وهي تُذكّرنا بالاختبار الاستقرائي البيكوني الذي رأى أن المدخل إلى البحث العلمي يبدأ من الحواس، بحيث تكون ملاحظاتنا خالية من الأوهام المسبقة. فالملاحظة "البريئة" للطبيعة، فتحت الباب أمام الإبداع عند الأيونيين الأحرار.

دعنا، مثلاً، نتمعّن في نظريّة أنكسمندر في أصل الأحياء، وذلك من زاوية علميتها ودارونيتها، فهو يقول: جاءت الحياة كلها من البحر، وتكيّفت الحياة بعدها لبيئة جديدة. بعض الأسماك، كالقرش وكلب البحر، مرحلة

متوسطة من التطور بين السمك وحيوانات البر. أما الإنسان فأصوله من فصيلة أخرى، لأن الطفل الآدمي بحاجة إلى فترة حضانة طويلة، ولو كان كذلك كله عمره لانقرض[10]. إنها أفكار ناجمة عن ملاحظة دقيقة للطبيعة، خالية من الأوهام، وحصيلة بناء استقرائي مُنظَّم للأحداث الطبيعية وعناصرها، وللتغيرات الحاصلة فيها.

عبّر أنكسمندر عن حُمّى التساؤلات العقلانية التي اجتاحت أيونيا آنذاك، فلم يعد العالَم مغلقاً، كمحارة في الماء، أو كعلبة (Box) لها أرضية وسقف، كما ظنّ الفراعنة.أصبح العالم لا نهائي الأبعاد والامتداد الزماني[11]. فالأرض، عند أنكسمندر، أشبه بعمود أسطواني الشكل يحيط به الهواء. وتسبح الأرض في وضع معتدل في وسط الكون، ومن دون دعائم تقف عليها. وبالرغم من ذلك، فهي لا تنهار، ذلك لأن وجودها في المركز لا يجعلها ترغب في الحركة في أي اتجاه آخر، ولأن ميلانها سيؤدي إلى تدمير التناظر والاتزان الموجودان في الكون.

---

(10) J. Burnet, *Greek Philosophy,* No Edition, London: Macmillan & Co. Ltd., 1914. Part I.

(11) لن يتحرّر العقل العلمي من فكرة "كَوْن أرسطو المحدود" إلاّ في العصر الحديث، مع برونو ثم كبلر، وربّما اتّضح ذلك بجلاء مع غاليليو (Galileo)، عندما بدأ يتبدّى اتّساع الكون له من خلال عدسة المقراب الفلكي التي عمل على تطويرها.

أمّا أنكسمانس فقال إنّ الأرض منبسطة، وتعوم في الهواء كورقة الشجر. كذلك، تعوم الأجسام السماوية في مسار يبدو لنا منحرفاً، إنما الحقيقة هي أن الأرض نفسها منحرفة (مائلة)، لذلك لا نرى معظمها من المنطقة المنخفضة، لأن جزء الأرض المرتفع (المقابل) يحجبها عنا. وهذه فكرة طاليسية، فقد ذ كر أرسطو رواية طاليس "أن شكل الأرض كالقرص، وأنها طافية فوق الماء".

وبالرغم من هذا التصور البدائي، فإنه تَقدُّم هائل مقارنة بالتصور التقليدي للأرض، الذي حاول أن يجعل من السماء والأرض بمثابة محارة أو علبة مغلقة. فإن افتراض أن الأرض طافية، ولا ترتكز إلى شيء، هو بحد ذاته تفكير تجريدي هائل، ويدل على تطوُّر في القدرة على التصور العقلي لم يستطع العقل البشري بلوغ مرتبتها من قبل.

وفي نهاية القرن السادس قبل الميلاد، شن إكسانوفان[12] (Xenophanes) حملة شعواء على تعدد الآلهة، مستمداً أسلحته الفكرية من علوم عصره، وبخاصة من علم الفلك عند أنكسمندر. إذ ردَّ الآلهة الإغريقية المتعددة إلى ظواهر جوية، وقال بإله واحد هو العالَم (The World)، لا يشبه البشر،

(12) إكسانوفان [570-480]: فيلسوف إغريقي، قال بإله واحد لا يشبه أحد، يُحّرك الأشياء كلّها بقوّة تفكيره. وقال بلا يقينيّة المعرفة، إذ إنّ المعرفة الحقّة لله وحده.

وليس له أعضاء حسية محدودة، ولكنه يُفكّر، ويرى، ويسمع كل شيء.

إعتقد إكسانوفان بالمذهب الحلولي (Pantheism) على نحو يُذكّرنا بوحدة الوجود عند سبينوزا[13] (Spinoza)، وقال إنّ الأرض متجذرة في اللانهائي، وليس للشمس أو للنجوم مادة، كما أنها ليست خالدة. وتموت النجوم كل يوم، وتتكوَّن، عوضاً عنها، نجوم جديدة في المساء بفعل زفرات الأرض. وفي كل صباح، تولد شمس جديدة!

وينبغي ألاّ يُظنّ أنّ هذا التفسير متخلف كثيراً، فقد ظن غاليليو[14]، الذي جاء بعد إكسانوفان بألفي عام تقريباً، أنّ الشُّهب (Comets) مجرّد وهم. وهذه المقاربة تساعدنا على فهم العوالق التاريخيّة التي ظلت تؤثر في فكر علماء الثورة العلمية الكبرى ومفكريها حوالى القرن السّابع عشر. وتساعدنا أيضاً في فهم سعينا لوضع تعريفات دقيقة لفهم المادية في ذلك العصر.

---

(13) سبينوزا (1632- 1677): فيلسوف هولندي من أصل يهودي، أشهر ما عُرفَ عنه قوله بوحدة الوجود، وبتضايف الفكر والجسم الانسانيّين. رفض الغائيّة في تفسير الحوادث الطّبيعيّة، ودعا إلى توفير الحرّيّة المطلقة للفرد في معتقداته وآرائه، كما رفض المعجزات لتناقضها مع النّظام الإلهي.

(14) غاليليو (1564-1642): عالم إيطالي درس الرّياضيّات، ونقد مذهب أرسطو في الفلسفة الطّبيعيّة، كما أدخل تعديلات على المقراب الفلكي، واشتغل بالفلك.

خرجت بلاد اليونان موحَّدة في مطلع القرن الخامس، إثر الحروب الفارسية، ولكنها مع نهاية القرن الخامس، كانت ضحية الحروب الشرسة التي وقعت بين المدن الإغريقيّة نفسها، والتي انتهت بفوز ساحق لإسبارطة. فقد استسلمت أثينا في عام 404م، ثمّ سادت فيها روح مغرقة في الإحباط، وما لبثت أن ضربها الطاعون، وتفشت فيها الأمراض المختلفة، وكان يشعر الأثينيون أن نهاية العالم قد اقتربت، فارتدَّوا إلى أنفسهم، ولم يعودوا يحتملون رجال الفكر[15].

وفي خضمّ هذا التقهقر، ونزوح الأيونيين إلى الداخل، ظهر بارمنيدس[16] (Parmenides)، الفيلسوف الميتافيزيقي الصّرف، الذي تَصوَّر أنّ في وسع الإنسان بلوغ الحقيقة المطلقة بالوسائل المنطقية وحدها. فهل نجد أنفسنا أمام تصوّف من نوع خاص لا يصيب وباءه الأمة إلا في أطوار انحطاطها؟ وهل جاء سقراط[17] (Socrates)، الذي تحدث

---

(15) جورج سارتون، تاريخ العلم، 1/ 27- 28 ، 45 .

(16) بارمنيدس: من أبرز فلاسفة الإغريق قبل سقراط، ولدَ نحو عام 515 ق. م في جنوب إيطاليا، وهو مؤسّس المدرسة الإيليّة الميتافيزيقيّة التي تقول بعالم واحد موجود، تُنكر عليه الحركة والكثرة، وتجعله الموضوع الأوّل للعقل.

(17) سقراط [470-389ق.م]: أكثر فلاسفة الإغريق تأثيراً في الفكر الإغريقي.

إلى بارمنيدس في صغره، لِيُعبِّر عن تأَزُّم أثينا، معلناً بداية البحث في الأخلاق ومعرفة الذات؟

كانت المادة والسبب الكامن من وراء الحركة، كلاهما، يعنيان شيئاً واحداً عند الأيونيين. وعند ديمقريطس[18] (Democritus)، أيضاً، لا تنفصل الحركة عن المادة لأنّ المادة متحركة بذاتها. كما أن حركة الذرات لا بداية لها، فالعالم، عنده، قديم. أضف إلى ذلك تفسيره الطبيعة بالطبيعة ذاتها.

والحركة عند ديمقريطس تستدعي الخلاء، كما تستدعي حركة الكرات المتراصة خلاءً لتتحرك منزلقة حول بعضها البعض؛ وهي فكرة سيتم إحياؤها في نهاية القرن السادس عشر كما سوف نرى لاحقاً.

إعتقد أنكسمانس بحركة المادة الأولى الدائمة، بالرغم من أنه قال إنها الهواء، لا الماء. فالمادة التي تتحرك ذاتياً كانت تعني "الحياة " بالنسبة إلى الإغريق. ولمّا كان الإنسان يتنفس الهواء، فأنه بذلك يتنفس الحياة. وكان الفيثاغوريّون يعتقدون أن العالم كله حيّ، وأنه مخلوق يتنفس. فطالما مادة الحياة خالدة، فهي إذاً إلهية. كان الإلهي والخالد مفهومين متلازمين عند الإغريق، ولا يمكن فصلهما. وربما هذا ما عناه طاليس بقوله: "كلّ شيء مليء بالآلهة"[19].

---

(18) ديمقريطس: فيلسوف إغريقي، صاحب النّظريّة الذّرّيّة المشهورة.

(19) J. Burnet, *Op. Cit.*, 1/48, 49.

أمّا أنكساغوراس[20] (Anaxagoras)، فقال بسبب أوّل، سمّاه "العقل" (Mind)، وعَزى إليه تنظيم الفوضى الأولى (Original chaos). لقد استعمل فكرته الجديدة هذه كوسيلة لانطلاق الحركة فقط، إذ انسحب العقل بعدها، وترك العالم يعمل بمادية وميكانيكية. وقد تمت معاقبة أنكساغوراس لقوله إن الأفلاك غير حية.

ولكنْ، عند أفلاطون (Plato)، تأتي الحياة أولاً، وهي السبب الرئيس لحركة المادة. أمّا مسبب الحركة الأول فيتضمن مصدر الحركة في ذاته. وضرب مثلاً على شيء متحرك بذاته (Self-mover)، وقال إنّه مبدأ الحياة (psyche)، وإنّه أقدم الأشياء، والسبب الرئيس لحركة كل شيء[21].

وهذا تفسير ربّما يكون أقرب إلى المثالية منه إلى المادية، وإنْ كان يمكن فهمه على نحو مختلط، أو على نحو يماثل ما سعى الأيونيون إليه، أي الحديث عن مادة تفسّر حركتها الذاتية بغض النظر عن السبب الأول للحركة.

---

(20) أنكساغوراس [500-428ق.م]: عالم وفيلسوف إغريقي، وضع كتيّباً في الطبّيعة الكونيّة ردّ فيه العالم إلى مزيج أوّلي قديم. وقد تأثّر إبراهيم النّظّام به أشدّ التّأثر.

(21) W.K.C. Guthrie, *In the Beginning,* p. 117.

ديمقريطس
(460-361 ق. م)

ديمقريطس، الفيلسوف الإغريقي صاحب لقب "الفيلسوف الضاحك" الذي أدرك قيمة البشاشة على صحة الإنسان وعقله، أسس النظرية الذرية في الطبيعة مع أستاذه ليوكيبوس (Leucippus) على أساس مادي نحو نهاية القرن الخامس قبل الميلاد، وهناك من ينسبه في جذوره إلى مدينة ميليتوس (Miletus)، وهي مدينة طاليس الواقعة على شواطئ آسيا الصغرى، والتي كانت مدينة تجارية مزدهرة آنذاك، ومنهم من يرد أصوله إلى أبديره (Abdera) في بلاد اليونان.

تُعزى لديمقريطس أعمالٌ عديدة في الأخلاق والفيزياء والرياضيات والموسيقى والفلك، وهذا أمر طبيعي عند الفلاسفة آنذاك، كما كان الفلاسفة المسلمين، والفلاسفة الأوروبيين أيضاً في القرنين السادس عشر والسابع عشر، إذ اشتغلوا في أكثر من مجال، ولم يكن العلم مستقلاً عن

الفلسفة بعد، ولكن الذي يعنينا هنا هو مشروعه الذري المادي الذي تمَّ إحياؤه في القرن السادس عشر في أوروبا.

رد ديمقريطس على عالم الثبات والوحدة عند بارمنيدس؛ الذي ادّعى أن التغير مستحيل وهو مجرد وهم، لأن ذلك يستدعي حدوثاً من عدم، وكان هذا غير ممكن وفق عقلية الإغريق لأنهم اعتقدوا أن المادة قديمة.

بالمقابل، حل ليوكيبّوس وديمقريطس هذه الإشكالية؛ بافتراض وجود ذرات صغيرة من المادة تغير من مواقعها وتجمعاتها بحيث يتشكل العالم على النحو الذي نشاهده.

وافترض ديمقريطس أنها ذرات صغيرة غير قابلة للانقسام؛ رداً على تناقض زينون (Zeno's Paradox) باستحالة التوقف عن قسمة قيمة محدودة لأنه بإمكاننا استمرار تقسيمها إلى ما لانهاية. فافترض ديمقريطس، رداً على زينون، أنه لابد من الوصول إلى نقطة نقف عندها بالقسمة، وافترضها الذرة. وعليه فإن الذرة الديمقريطسية تحمل معناها اللفظي عند اليونان، (Atomos)، وهي تعني غير قابلة للقسمة، لامتناهية في العدد، ومختلفة في الحجم والشكل، فضلاً عن أنها صلبة تماماً لا يوجد فيها فراغات داخلية تسمح بمزيد من الانقسام[22].

(22) Stanford Encyclopedia of Philosophy, www.plato.stanford.edu/entries/democritus, Entered January 15th 2009.

والذرات تصطدم ببعضها البعض أثناء حركتها في الفراغ اللامتناهي؛ وترتبط الذرات حسب طبيعتها معاً بواسطة كلابات (hooks) لتشكل المواد المختلفة، إما بفعل كلابات، أو لوجود مواد لاصقة، أو لطبيعة تعرّج سطوحها على نحو يسمح بارتباطها والتحامها ببعضها البعض. وفيما تتفكك هذه التشكيلات وتتغير تظل الذرات الأصلية المتناهية في الصغر خالدة.

ورأى ديمقريطس أن الذرات المتشابهة تتجمع معاً كما نشاهد في الطبيعة حينما تتجمع المواد المختلفة؛ وكما نشاهد في الطبيعة عندما تتجمع الأسماك والطيور والكائنات الحية المتماثلة في مجموعات وزرافات.

إذاً، المادة عند ديمقريطس تتكون من ذرات متناهية في الصغر لا ترى بالعين المجردة؛ ذرات خالدة غير قابلة للأنقسام، غير قابلة للانحلال والفناء، وتوجد على نحو مستقل منفصل ومتميز. وأيضاً، تختلف هذه الذرات في الشكل والخاصية والثقل، وتجتمع في أعداد وتشكيلات متنوعة، وتظل في حركة متسقة ومستمرة بحيث تُكوّن في مجموعها ما تتألف منه ذرات المواد المختلفة؛ لتضفي على المادة تنوعاً هائلاً كالموجود في الطبيعة.

وتطال تركيبات الذرات في أشكالها وخصائصها وأنماطها

المتنوعة الأجسام كلها بما في ذلك الروح التي تتكون من ذرات خفيفة تتحلل بفناء الجسد[23].

وحركة الذرات عند ديمقريطس تستلزم وجود الخلاء، فالذرات أو الجواهر المادية لا نهائية العدد تسبح في محيط لا نهائي من الخلاء؛ يتيح لها الحركة والانتقال من مكان إلى آخر لتتكون أشكال جديدة غير مرتبطة بمشروعات غائية في تطورها المتدرج.

خلاصة القول إن الحركة عند ديمقريطس لا تنفصل عن المادّة لأنّ المادّة متحرّكة بذاتها. كما أنّ حركة الذّرّات لا بداية لها، فالعالم، عنده، قديم. أضف إلى ذلك تفسيره الطّبيعة بالطّبيعة ذاتها.

يتعدى تأثير ديمقريطس مشروع إحياء النظرية الذرية في القرن السادس عشر إلى التأثير على فلسفة القرن العشرين، إذ يرى بعض الباحثين[24] أن هناك ارتباطاً وثيقاً بين ذرية ديمقريطس وبرتراند رسل في ذريته المنطقية (Logical atomism) في مطلع القرن العشرين، فكلا الفيلسوفين يؤكدان على فكرة "أن الواقع في أساسه يعتمد على التعددية"، ولكن، فيما يتحدث ديمقريطس عن "أساس هذا الواقع

(23) مصطفى لبيب عبد الغني، الكيمياء عند العرب؛ تقديم د. مصطفى شفيق، ط3، القاهرة: مكتبة الأنجلو المصرية، 1985.

(24) D. Collinson and K. Plant, *Fifty Major Philosophers,* p. 25.

الذري الطبيعي المادي غير القابل للانقسام لأجزاء أصغر أكثر دقة"، فإن رسل يتحدث عن "ذرات منطقية غير قابلة للانقسام كذلك".

وهناك تشابه أيضاً بين ذرات ديمقريطس ومونادات (Monads) ليبنتز التي شكلت فلسفته المثالية الذرية، وسوف نتحدث عن ذلك بالتفصيل في فصل الفلسفة الأوروبية الحديثة.

أرسطو
(384 - 322 ق. م)

ولد أرسطو، الذي لقبه العرب "المعلم الأول"، في أقصى شمال اليونان لوالده نيقوماخوس، العالم والطبيب الذي كانت له اتصالات مع النخبة في ذلك العصر والذي حاول أن يجعل من ابنه أرسطو طبيباً، دون جدوى. وفي أقله، تعلم أرسطو من والده حب العلم وشغفه بالبحث العلمي.

ارتحل أرسطو وعمره 17 عاماً إلى أثينا، مهد الفكر والمدنية آنذاك، ودرس على أفلاطون وتلازما في الأكاديمية لمدة عشرين عاماً. وبعد وفاة أفلاطون انتقل أرسطو إلى مدينة مايزيا (Mysia) التي هاجمها الفرس فيما بعد، فرحل إلى مقدونيا حيث أصبح أستاذاً للاسكندر المقدوني، ثم عاد إلى أثينا عام 335 ق. م وأسس مدرسته النظامية وجعل فيها مكتبة؛ مؤذناً بانطلاقة الفكر الأرسطي؛ الذي سوف يسيطر على العالم لألفيتين من السنوات، بانطلاقة مع بعض التغييرات هنا وهناك.

أ- فلسفة أرسطو

قام أرسطو صاحب المدرسة المشائية، بتقسيم العلوم على النحو التالي:

1) علوم نظرية

وهي أشرف العلوم عنده لأنها تعكس كمال العقل الذي هو أسمى ملكات الإنسان، وغايتها طلب المعرفة. وتنقسم بدورها إلى ثلاثة علوم فرعية، هي:

أ- **علم ما بعد الطبيعة**: وهو العلم الأعلى، أو العلم الإلهي، أو الفلسفة الأولى، فهو علم بالوجود المطلق الذي لا يحتاج في وجوده المنطقي أو العياني إلى المادة، كالمحرك الأول؛ وموضوع هذا العلم هو البحث "في الوجود بما هو موجود".

ب- **العلم الرياضي**: وهو العلم الذي لا يحتاج في وجوده المنطقي إلى المادة، بينما يحتاج إلى المادة في وجوده العياني الخارجي للدلالة، كالأشكال الهندسية النظرية التي تشير إلى ما يقابلها في الطبيعة. وفروع هذا العلم الحساب والهندسة والفلك والموسيقى وغيرها.

ج- **العلم الطبيعي**: وهو العلم الذي يحتاج في وجوديه المنطقي والعياني إلى المادة، كالجسم الطبيعي الذي هو موضوع العلم الطبيعي.

2) علوم عملية

وهي العلوم التي تتعلق بالإنسان من حيث هو إنسان، وغايتها تَدَبُر أفعال الإنسان، وهي تأتي في أصناف ثلاثة:

أ-**الأخلاق**: وموضوعها أفعال الإنسان من حيث هو فرد.

ب- **تدبير المنزل**: وموضوعه أفعال الإنسان من حيث هو كائن يعيش ضمن أسرة.

ج- **السياسة**: وموضوعها أفعال الإنسان بوصفه عضواً في جماعته.

3) علوم شعرية

وغايتها تدبير أقوال الإنسان، وهي تأتي في أصناف ثلاثة أيضاً:

أ-الشعر

ب-الخطابة

ج-الجدل بوصفه بداية المنطق.

أما المنطق أو الأورغانون (Organon)، فهو الآلة التي ستخدمها العقل للوصول إلى نتائج؛ انطلاقاً من مقدمات.

وقد أطلق فرانسيس بيكون لقب "الأورغانون الجديد" على منهجه الاستقرائي التجريبي المفيد للناس عملياً، فيما هاجم المنطق الصوري الأرسطي الذي لم يفد الناس عملياً ولم يحسّن من أحوالهم المعيشية.

المادة والحركة

نقد أرسطو نظرية ديمقريطس الذرية لأنها لا تفسر حركة الذرات، بالرغم من أنّ فكرة الحركة الذاتية في المادة كانت شائعة آنذاك.

الوجود الحقيقي عند أرسطو هو الوجود المادي المتحرك حركة محسوسة، لأن الحركة ضرورية لقيام العلم الطبيعي. وتقع الحركة في أربع مقولات، هي:

الجوهر، الكم، الكيف، المكان.

أما أنواع الحركة، فهي:

* الحركة، من جهة مقولة "الجوهر"، هي حركة التغير أو حركة الكون والفساد (أن يكون الشيء أو يفسد)، وتتم بين نقيضين، وتتعلق بالصفات الذاتية للأشياء حيث يحل موجود محل آخر.

* حركة الزيادة والنقصان، من جهة مقولة "الكم".

* حركة الاستحالة، وتتعلق بالصفات العرضية، من جهة مقولة "الكيف".

* حركة النقلة، من جهة مقولة "المكان".

تفترض الحركة موضوعاً وعلة وطرفين، لذلك فإن الحركة تعني التغير من حال الهيولي إلى الصورة، حيث تخرج الصورة وتتحقق واقعياً بعد أن كانت صورة بالقوة. فمثلاً، إن

37

الفتيات السليمات هن أمهات بالقوة، وعندما ينجبن يصبحن أمهات بالفعل.

فالحركة هي التغير من حال القوة إلى الفعل، وتحتاج إلى العلل الأربع لتحقيق ذلك، وهي العلة "الصورية" والعلة "المادية" والعلة "الغائية" والعلة "الفاعلة".

فعندما يضع المهندس مخططاً في ذهنه لبناء منزل ما؛ تتشكل في ذهنه العلة الصورية، أي ماهية البناء وشكله ومجموع خصائصه، أي تتشكل صورة البيت في ذهنه، وعندما يشرع المهندس ببنائه بمساعدة العمال والفنيين تكون العلة الفاعلة، أما العلة المادية فهي المواد المستخدمة في البناء، في حين تكون العلة الغائية متمثلة في الغاية التي من أجلها قام هذا البناء، من حيث استخداماته للسكن، مثلاً، وبهذا تكتمل فكرة البناء وتتحقق عيانياً بفعل العلل الأربع، وتخرج فكرة البناء من حال القوة إلى حال الفعل؛ فتصبح الصورة بناءً فعلياً عيانياً متحققاً.

كما قال أرسطو بالعناصر الأربعة التي تتألف منها المادة وتشكل أساس العلل الأربع التي تحكمها (**الصورية والمادية والغائية والفاعلة**)، إذ تتألف المادة من عنصر أو من خليط من العناصر الأربعة (التراب، الماء، الهواء، النار) بنسب مختلفة بحيث تشكل سائر الأشياء المادية في الكون، وتكون خاضعة لكيفيات أربع متضادة (**الحرارة والبرودة واليباس والرطوبة**).

والمادة متراصة في الكون وفق ثقلها، فالتراب هو أثقلها، لذلك تتراص مادة الأرض الثقيلة في الموقع الأسفل وتشكل مركز الكون، حيث تقع الكرة الأرضية (عالمنا الأرضي).

وعندما يسقط الحجر إلى الأرض يسقط بفعل حركته العشقية صوب أمه الأرض، فهو يتسارع باقترابه من مركز الأرض لأن الأرض هي مكانه الطبيعي. ويلي التراب في الثقل الماء، ثم الهواء، وأخيراً النار التي تصعد إلى أعلى في حركة عشقية صوب الأثير الخالد الواقع فوق فلك القمر، حيث يكون القمر هو أول جسم خالد يدور حول الأرض.

ولما كانت المادة متراصة في الكون، وكذلك الأفلاك مرتبطة ببعضها البعض ومتراصة في مجالها المليء بالأثير، فلا مجال لوجود الخلاء. وبناء على هذا الافتراض أسس أرسطو قوانينه في الحركات الأرضية بحيث غدت سرعة الجسم الساقط تتناسب طردياً مع ثقل الجسم[25]، بينما يتناسب عكسياً مع مقاومة الوسط، وفق المعادلة الآتية:

$$(V = F / R)$$

حيث :

V هي سرعة الجسم

_____

(25) نستخدم مفهوم الثقل لأن التمييز بين كتلة الجسم ووزنه لم يكن معروفاً آنذاك.

F هي ثقل الجسم

R هي مقاومة الوسط

وهكذا أسس أرسطو نظريته في الحركة بناءً على استحالة الخلاء؛ لأن الخلاء يستدعي الحركة بسرعة لا متناهية، وهذا لا يمكن مشاهدته في الطبيعة.

فإذا كان هناك خلاء فإن قيمة (R) تساوي صفراً لعدم وجود مقاومة للوسط (أو احتكاك مع الهواء باللغة العلمية الحديثة)، وعليه تصبح سرعة الجسم لا متناهية، وهذا مستحيل.

ظن أرسطو، نتيجة افتراضه أن الأرض هي مركز الكون وأن العالم الأرضي (عالم الكون والفساد) ينتهي بفلك النجوم، أن الكون محدود، وهكذا قام ببناء منظومة الكون على أساس الافتراضات الأخيرة وغيرها.

فالحركة عند الإغريق ذاتية في المادة، حيث تتحرك الأشياء بطبائعها صوب غاية ما؛ هي سبب وجودها، وهي فكرة قريبة من فكرة الضرورة التي نعرفها اليوم في عالم الطبيعة. فالأشياء المادية، كما هي الحيوانات تتحرك ذاتياً، والزمن، هو عدد الحركة، كما عند الكندي وغيره من الفلاسفة العرب، ولكن الفلاسفة المسلمين انبروا لدحض أو تقويض فكرة قِدَم العالم، لأن في ذلك شرك مع صفات الله، باستثناء الرازي الذي قال إن الله لا يستطيع أن يُبدع من عدم؛ وتحدث عن القدماء الخمس (الهيولي، الله، النفس،

المكان، الزمان) وهم يوجدون على سبيل الترتيب لا التجاور.

ولكن، ماذا يقول أرسطو لو لم يوجد فكر إنساني ليحصي العدد؟

قال أرسطو إن هناك أشياءً كالأرقام الخالدة تحفظ وجود الحركة وعددها، وخالف بذلك أستاذه أفلاطون الذي قال بخلق الزمن. ولذلك اعتقدت الكنيسة بأن الزمن قديم بتأثير من أرسطو، وذلك ينسجم مع ما جاء في الكتاب المقدس بأن الكون له بداية، بمعنى أن الخلق تم في زمن ما، فيما كانت قبله روح الله ترفرف على وجه العالم.

خلاصة القول إن الحركة هي التغيّر من حال القوة إلى حال الفعل، وتحتاج إلى العلل الأربع، فالأشياء الحيّة تتحرك ذاتياً، كالحيوانات، والأجسام الجامدة تتحرك بطبيعتها حركة مستقيمة، كالحركات الأرضية، أو تتحرك حركة دائرية كحركة الأفلاك الأثيرية الخالدة الواقعة فوق فلك القمر. أما عالم الأرض، أي عالم ما تحت فلك القمر، فهو عالم الكون والفساد، وهو عالم محدود حيث مركزه الأرض ونهايته فلك الأفلاك. والزمن هو عدد الحركة، وحتى لو لم يوجد فكر يحصي هذا الزمن فهناك أشياء خالدة تحفظها، كالأرقام. والزمن قديم وكذلك المادة، كما جاء في الكتاب المقدس، في العهد القديم تحديداً "نظرية الخلق ومملكة السماء".

يتضح من مفهوم أرسطو للحركة أن الحركات الأرضية تسير في خط مستقيم، إمّا عمودياً إلى أعلى، كالنار، أو عمودياً إلى أسفل باتجاه مركز الأرض، حيث موطنها الأصلي الطبيعي المعشوق. والأجسام الطبيعية تتحرك بطبائعها هكذا.

ولكن، ما التغير الذي طرأ على مفهوم الحركة في العالم الحديث؟

إن الفرق في مفهوم الحركة بين العالم القديم والعالم الحديث؛ يقوم على أساس أن الحركة في العالم القديم هي التغير من حال إلى حال من جهة مقولات معينة، كالجوهر والكم والكيف والمكان، أما في العصر الحديث، فأن أساس التغير هو حركة الجسيمات.

يكمن المغزى من الاكتشافات في المنهجية الجديدة (المنهجية العلمية) التي اتبّعها غاليليو، والتي تختلف في مفاصلها الرئيسة عن منهجيات من سلفه.

ب- كروية الأرض وكون أرسطو

ارتكز أرسطو في البداية على الملاحظة والتجربة لإثبات كروية الأرض، إذ اتضح له أن السير باتجاه الشمال أو الجنوب فوق سطح الأرض؛ يؤدي إلى رؤية نجوم جديدة واختفاء أخرى، فتوصل إلى فكرة كروية الأرض، واستدل من

ذلك أن السفر غرباً سيوصله إلى الهند على نحو ما ظن رحالة القرون اللاحقة لغاية القرن الخامس عشر. وقام بقياس محيط الأرض على نحو معقول كما فعل البيروني فيما بعد.

وتنسجم تلك الاستدلالات مع تصور أرسطو بأن شكل الأرض دائري، لأنه الشكل الأمثل في بعدين، ولأنه كان يشاهد ظل الأرض الكروي على القمر في حالة الخسوف (خسوف القمر)، كما أن الكرة هي الشكل الأمثل في ثلاثة أبعاد فيستحيل أن يكون الله قد خلق الكون ناقصاً. كذلك هي حركة السماوات أو الأفلاك، إنها حركة دائرية كاملة.

أما الأثير الذي يفصل بين الأفلاك فمتراصّ، وفلك النجوم (الذي يتألف من 55 فلكاً) يستمد حركته من الله بنوع من العشق (حركة غائية)، فالحركة الأولى ناجمة عن المحرك الأول الذي لا يتحرك (الله)، وهو عقل محض، لأنه لو لم يكن كذلك لاستلزم وجود علّة لحركته. ثم تنتقل الحركة إلى الأفلاك واحد تلو الآخر، لأن الطبقات التي تفصل بين الأفلاك متراصة لا فراغ يفصل بينها، إذ يحرك الأعلى منها ما يوجد أسفله، وهكذا دواليك حتى نصل إلى فلك القمر.

فصل أرسطو بين عالم ما تحت فلك القمر، بوصفه عالم الكون والفساد، وعالم ما فوق فلك القمر بوصفه عالم الأثير الخالد الذي تحكمه أرواح حية وعقول تقوم بتحريك الأفلاك على نحو ما تحرك الروح جسم الإنسان. وكأننا أمام الفكر

الفيثاغوري الذي تحدث عن العالم بوصفه حياً وأنه مخلوق يتنفس.

ولم يخرج أرسطو في ذلك عن تلازم الإلهي والخالد عند الإغريق. بل يمكن الذهاب أبعد من ذلك بالعودة إلى التصور التجريدي لأنكسمندر في القرن السادس قبل الميلاد؛ عندما شبه الأرض بإسطوانة عائمة في وسط الكون.

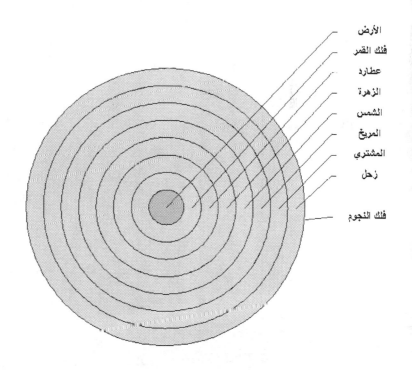

الأرض
فلك القمر
عطارد
الزهرة
الشمس
المريخ
المشتري
زحل

فلك النجوم

خلاصة كون أرسطو ما يلي (أنظر الشكل):

1) عالم قديم منذ الأزل وسيظل قائماً إلى الأبد.

2) مركزية الأرض في الكون بفعل مادة التراب الثقيلة.

3) أقرب الأفلاك إلى الأرض هو فلك القمر، يليه على الترتيب: عطارد، الزهرة، الشمس، المريخ، المشتري، زحل، ثم الفلك المحيط، أو فلك النجوم الذي يتألف من عشرات النجوم البعيدة والتي تحيط بالأفلاك جميعها وتحركها؛ أما علة حركتها فمستمدة من عشقها لله غاية وجودها.

4) الكون محدود وليس لا نهائياً طالما أن مركزه الأرض، ومحيطه فلك النجوم أو الفلك المحيط.

5) عالم ما فوق فلك القمر عالم أثيري خالد، ويعتبر أرسطو الأفلاك حية.

6) الحركة في عالم ما فوق القمر دائرية تامة، كذلك هي حركة الأفلاك وشكلها.

7) عالم ما تحت فلك القمر يحكمه الكون والفساد.

8) الحركة في عالم ما تحت فلك القمر مستقيمة ومادته العناصر الأربعة.

وترتيب الكواكب وأسماؤها مطابقة لما يعرفه العالم اليوم باستثناء موقع الشمس والأرض، أما الكواكب الأخرى أورانوس ونبتون وبلوتو فقد تم اكتشافها فيما بعد؛ ولذلك فإن الكواكب السبعة التي كانت معروفة آنذاك قبل كوبرنيق

45

هي : (القمر، عطارد، الزهرة، الشمس، المريخ، المشتري وزحل) شكلت السماوات السبع التي سيطرت على الفكر القروسطي بوصفها سماوات أثيرية خالدة وسامية.

فالشمس في كون أرسطو لا تعدو كونها أحد الكواكب التي تدور حول الأرض، وبذلك يكون أرسطو قد أسقط نظرية أريستارخوس القديمة؛ التي قامت على فكرة مركزية الشمس، وعاد ليربك العالم بنظريته في مركزية الأرض لألفي عام من الزمان بدعم من الفكر الكنسي القروسطي؛ الذي رأى في نظرية أرسطو تأكيداً للفكر اللاهوتي الذي يتمحور حول أهمية الأرض ومركزيتها؛ حيث تعيش أسمى المخلوقات - الإنسان. وقامت الفلسفات المسيحية بتطوير فلسفة أرسطو لتنسجم مع الفكر الديني وتتوافق معه على يد فلاسفة من أمثال توما الأكويني.

أما الفلكي المصري المعروف بطلميوس، الذي عاش في القرن الثاني للميلاد في الإسكندرية، فأقام أنموذجاً مطوراً رياضياً وهندسياً جمع فيه التطورات التي جاءَت على كون أرسطو، وأضاف إليها تعديلات وضعها في كتابه الذي أسماه العرب فيما بعد "المجسطي"، فكانت محاولات ضرورية ناجمة عن عجز أنموذج أرسطو عن تفسير حركات بعض النجوم الارتدادية والتغير في شدة إنارتها وأحجامها.

وقد استخدم بطلميوس نظرية الدوائر المنحرفة لتفسير تناقضات أنموذج أرسطو التي اتضحت بالمشاهدة والرصد

الطبيعي لحركة الكواكب، وجعل مركز دوران الكواكب على محيط دوائر الأفلاك التي تقبع مراكزها في مركز الأرض. وظل أنموذج بطلميوس مرجعاً لعلم الفلك لغاية القرن السابع عشر. ولكن سبقتها محاولات لعلم الهيئة العربي من حيث إعتبار المكان لا متناهياً ليتجاوز كون أرسطو المحدود. فجعلوا المكان الممتد خارج فلك النجوم موطناً للنفوس الروحية بما ينسجم مع المعتقدات الدينية. ولكن المشكلة لم تحل تماماً، لا مع بطلميوس ولا مع علم الهيئة العربي الإسلامي، إذ لم يحقق أي منها فتحاً حقيقياً.

لم يتم تجاوز الإشكالية الأرسطية إلا في القرن السابع عشر، وعندها تم التأسيس لبراديم (Paradigm) جديد من خلال منهجية علمية حديثة، ربما اكتملت في صورتها الحديثة مع غاليليو. ونستطيع القول أننا انتقلنا مع غاليليو من إشكاليّة الفلسفة الطّبيعيّة إلى إشكاليّة علم الطّبيعة.

ولكن، ما هو سبب هذا الانقلاب العلمي والفلسفي؟

وهذا ما سوف نبحث في الفصلين اللاحقين.

الفصل الثاني

العلم الحديث

البيئة تساهم في صناعة تاريخ أوروبا

لقد خلق الإنسان على سطح الأرض بيئة اصطناعية من صنعه وممارساته عبر تاريخه القديم والحديث منذ عشرات الألوف من السنين، حين اتخذ المستوطنات الدائمة مقراً له وأقام السدود والمشاريع الزراعية والمائية وغيرها لسد احتياجات بقائه ورفاهيته.

ويمكننا العودة إلى نشاطات الإنسان الزراعية قبل 8000 عام، عندما بدأ الإنسان يزيل الغابات للاستخدامات الزراعية والتوسع فيها؛ نتيجة استقرار الإمبراطوريات القديمة وضمان أمنها، وحاجتها المضطردة إلى المواد الغذائية وتوافر الأيدي العاملة الزراعية، وقد تعمق ذلك الضرر قبل نحو 5000 عام، عندما بدأت زراعة الأرز في آسيا، والتي ساهمت في إطلاق بعض الغازات الدفيئة، وبخاصة غاز الميثان.

ولا تقل عملية قطع الغابات أهمية عمّا سلف ذكره من أضرار، ويعتقد بعض العلماء أن التغير المناخي الذي حصل في حوض البحر الأبيض المتوسط منذ قرون، وما زال كذلك

حتى يومنا هذا، يعود إلى قطع الغابات في الفترة الواقعة بين 700 قبل الميلاد إلى نهاية القرن الميلادي الأول، وذلك بهدف بناء السفن وآلات الحرب والحصار وإنشاء الأبنية ولاستخدامها كوقود.

وتمثل الفترة التاريخية الأخيرة العصر التي نهضت خلاله الحضارات في سورية كالفنيقيين وفي بلاد اليونان وبلاد الرومان وجنوبي أوروبا، واستمرت الحاجة إلى قطع الأشجار خلال نهوض بيزنطة وإبّان حروب الفرنج مع العرب والمسلمين، منذ نهاية القرن الحادي عشر، عندما كانت المدن الإيطالية تصنع السفن للجيوش الغربية القادمة إلى الشرق لغزو سواحل سوريّة ومصر. ونحن نعلم اليوم أن أشجار الأرز في لبنان تنحصر في رقعة ضيقة أشبه بالمحمية منها بالغابة.

كما واجهت الأرض في العصور الوسطى، فترة دفء مناخي، أطلق عليها فترة الدفء الرومانية (Roman Warm Period)، ثم دخلت بعد ذلك في عصر جليدي مصغّر استمر حتى مطلع القرن التاسع عشر، حينما بدأت ترتفع درجة الحرارة منذ ذلك الوقت.

ولكن فترة الدفء المناخي لم تمنع دخول الأرض في فترات صقيع وبروده مرتفعة بين فينة وأخرى، ودليل ذلك تجمد نهر الفرات في عام 608 للميلاد، ثم بعد انقضاء فترة دفء في القرن الثامن، تدنت درجة الحرارة مرة أخرى في

مطلع القرن التاسع للميلاد فتجمد نهر النيل عام 829 للميلاد[1].

وهناك دلائل تشير إلى أن نهر التايمز في لندن كان يتجمد سنوياً في فترات متفاوتة، حيث كانت تقام "مهرجانات الجليد" فوقه. وقد كانت السنوات 1680 - 1700 شديدة البرودة في أوروبا، كذلك كان العقد الواقع بين 1810 - 1820، وبخاصة في عام 1816 التي لم ترَ أوروبا فصلاً للصيف في ذلك العام[2].

وعلى الأرجح أن تكون أسباب التغير المناخي في العصور الوسطى والحديثة (قبل القرن التاسع عشر) من فعل التغيرات في النشاطات الإشعاعية على سطح الشمس، ومن فعل تغير مدار الأرض حول الشمس وحول نفسها. إذ يؤكد العلماء أن نتائج مراقبة شدة الإشعاع الشمسي عبر آلاف السنين؛ تشير إلى تزايد شدة الطاقة الشمسية المنبعثة من الشمس عبر العصور، وهناك مؤشرات أيضاً على ضعف شدتها في فترات ما، كفترة العصر الجليدي المصغّر التي تلت ارتفاع درجة حرارة الأرض في العصور الوسطى المظلمة.

في ظل ظروف اجتماعية وسياسية مناسبة، أدت التغيرات

---

(1) Cambridge, Conference Correspondence, Net 1998.

(2) F. Rothlisberger, 10000 Jahre Gletschergeschichte der Erde, Sanerlander, A arau, P. 416.

المناخية إلى صعود الحضارات واندثارها، فإن تجمد أجزاء من نهر النيل في عام 829 للميلاد كان مؤذناً بفترة تدني درجة الحرارة على صعيد عالمي، وقد تزامن ذلك الحدث مع انهيار حضارة المايا في أمريكا الوسطى والتي تقع على خط العرض نفسه تقريباً. ومع مطلع القرن العاشر بدأ العالم يشهد ارتفاعاً في درجة الحرارة، فبدأ الثلج يذوب في المضيق الذي يفصل النرويج عن آيسلندا، فبدأ الاستيطان في آيسلندا نحو ذلك التاريخ خلال فترة الدفء المناخي(3).

ومع نهاية القرن الحادي عشر بدأ الطقس يميل إلى البرودة وحدثت أعاصير وفياضانات على إثرها اجتاحت الأمراض أوروبا، فبدأ النزوح الشهير خلال حروب الفرنج في نهاية القرن الحادي عشر. وقد تزاحم المهاجرون إلى الشرق في القرن الثالث عشر حيث ازدادت البرودة ودمرت المحاصيل الزراعية في أوروبا، واستمرت البرودة حتى نهاية القرن الخامس عشر. ويمكننا ربط ذلك باكتشاف العالم الجديد والدوران حول رأس الرجاء الصالح (أنظر الشكل: تناوب البرودة والدفء المناخي على الأرض).

نحو عام 1520 بدأ الدفء المناخي يسود العالم، واستمر لغاية عام 1640، ثم عادت الدورة مرة أخرى حيث بدأ البرد يشتد منذ عام 1640، وقد سجّلت أرقامٌ قياسية

---

(3) Timo Niroma, Sunspots: The 200 -year Sunspot cycle is also weather cycle, article on the internet.

لتدني درجة الحرارة بين عامي 1680 - 1700، ووصلت الموجة الباردة أوجها عام 1816 عندما لم يتمتع الأوروبيون بالصيف فتم الانتقال من الربيع إلى الخريف دون المرور بفصل الصيف.

ثم بدأت دورة جديدة من الدفء المناخي في العالم استمرت حتى نهاية القرن التاسع عشر، تبعتها فترة باردة حتى عام 1925، ومنذ ذلك الوقت يتوقع بعض العلماء أن تستمر الدورة الدافئة حتى عام 2010، حيث يتوقع أن تعود بعد ذلك الدورة الباردة من جديد، وربما تمتد إلى عام 2110؛ ولكن ذلك لا يعني أن البرودة ستشتد كثيراً، لأن تلوث الأرض قد رفع من درجة حرارة هذا الكوكب، ومن المتوقع أن يستمر ذلك خلال القرن الحادي والعشرين.

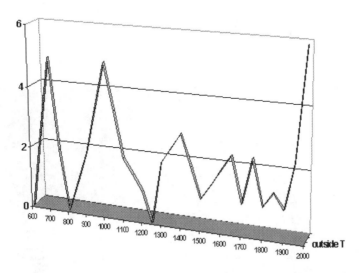

تناوب البرودة والدفء المناخي على الأرض (600-2000 للميلاد)

55

بدأت التغييرات المناخية الأهم بتأثير من نتائج الثورة العلمية الكبرى في القرن السابع عشر - موضوع هذا الكتاب، عندما بدأ الإنسان يحيط بقوانين الطبيعة ويحلم بالسيطرة على الطبيعة وتسخيرها لمصالحه ورفاهيته.

وقد هيّأت الاكتشافات العلمية في القرنين السادس عشر والسابع عشر وما بعدهما، فضلاً عن تطور التكنولوجيا في نهاية القرن الثامن عشر وخلال القرن التاسع عشر، ليصبح القرن التاسع عشر تحديداً عصر الثورة الصناعية الكبرى الأولى التي قامت في مطلع القرن على الفحم الحجري والمحرك البخاري، تلتها الثورة الصناعية الكبرى الثانية التي قامت في نهاية القرن نفسه على النفط والكهرباء والمحرك ذي الاحتراق الداخلي، والذي سمح للإنسان بالتجول في العالم واكتشافه ونهب موارده الطبيعية، بوتيرة متسارعة تعاظمت بشكل رهيب؛ قياساً باكتشاف القارة الأمريكية في نهاية القرن الخامس عشر، ونهب خيراتها من الذهب والفضة وتسخير سكانها لخدمة النهضة الأوروبية آنذاك.

لقد عمل الإنسان الحديث منذ ذلك العهد الصناعي على إحداث تغييرات هائلة في باطن الأرض، وعلى سطحها وفي غطائها النباتي وثروتها الحيوانية وفي مياهها وهوائها وتربتها، فأقام المشاريع الزراعية والمائية والإنشائية والبنى تحتية، من طرق وسدود وخدمات متنوعة، ومشاريع صرف صحي وأماكن تجميع للنفايات، كما قام بقطع الأشجار وتجريف

التربة وحرق الوقود الأحفوري واستنزاف الموارد الطبيعية، الأمر الذي أدى إلى تغيير معالم البيئة الطبيعية وتلويثها، وتهديد الموائل الطبيعية التي كانت مأهولة بالتنوع البيولوجي الهائل في الطبيعة والمستقر فيها منذ مليارات السنين، والذي أخذ يتناقص بالتدرج، حيث باتت تنقرض بعض أنواع الحياة في الطبيعة بوتيرة متسارعة.

ويؤدي تزايد عدد السكان وارتباطه بنمط الإنتاج الاستهلاكي إلى تعاظم وتيرة التصنيع والزراعة وتربية المواشي والعبث بالطبيعة، فضلاً عن اشتداد الحروب وتطور الصناعات العسكرية والتكنولوجية الأخرى وما تبعها كصناعة الوقود العضوي من المحاصيل الزراعية ونحو ذلك، إلى تدمير الموائل الطبيعية بغرض توسيع الرقع الزراعية والرعوية، وحرق النفايات الزراعية، واستخدام الأدوية والأسمدة الكيميائية، وإنتاج اللحوم ومشتقات الألبان من مزارع الحيوانات بسرعة كبيرة تفوق معدلات نموها الطبيعي، وتطوير الغذاء المعدّل جينياً، وتغيير أنماط غذاء المزارع المنتجة للّحوم، وكذلك التعدين الجائر وبيع الأخشاب والتدمير العبثي للكثير من الغابات بفعل الحرائق للاستحواذ على الأراضي وعلى الأخشاب كمصدر وقود، وبخاصة في الدول الفقيرة.

كما يرافق مفهوم "التقدم"، الذي يهيمن على الوعي الرأسمالي العالمي، تدني أحوال الموائل الطبيعية الجمالية،

من حيث تدني خصوبة التربة وزيادة نسبة المركبات الكيميائية الخطرة فيها، وزيادة التبخر منها وانحسار التنوع البيولوجي، وتقطيع أوصال الموائل عن بعضها البعض، وتنامي ظاهرة التصحر، وازدياد ملوحة التربة نتيجة الري والزراعة المكثفة والتغير المناخي، وتدمير الموائل الطبيعية، وقطع الأشجار، وإقامة السدود المائية، والصيد الجائر، والرعي الجائر، الذي ينجم عنه انجراف في التربة وتعكير لمياه الأنهار والبحيرات وتلويثها وما إلى ذلك.

وقد نجم عن ذلك كله مختلف أنواع التلوث وتوالد البيئة الاصطناعية التي أشادها الإنسان، مثل: التلوث الضوضائي، التلوث الإشعاعي، تلوث الماء، تلوث الهواء بالغازات والمواد العالقة، اضمحلال طبقة الأوزون، وظاهرة "الانحباس الحراري"، أو ظاهرة "البيت الزجاجي"، أو "الدفء الحراري"، وهي مسميات للظاهرة نفسها، والتي يعاني العالم منها اليوم على نحو أقلق الجميع، ونشر الفاقة في ربوع دول الجنوب الأقل حظاً.

وهكذا غدت نتائج الثورة العلمية الكبرى والثورات الصناعية اللاحقة واضحة جلية في تدمير البيئة العالمية. وكان منشؤها أوروبا في العصر الحديث. ولكن، ما هو دور العرب والمسلمين في إذكاء نار النهضة الأوروبية التي أنجبت العلم الحديث وفلسفة الحداثة وما بعدها؟

58

أثر العرب في النهضة الأوروبية

لقد علمنا كيف أدت التغيرات في المناخ العالمي، إلى جانب المشكلات الاجتماعية والسياسية والاقتصادية الأخرى، إلى تحفيز هجرة الأوروبيين نحو الشرق وإلى اشتعال الحروب منذ نهاية القرن الحادي عشر حتى القرن الثالث عشر؛ فماذا كانت آثار هذا الاصطدام بين الحضارتين العربية الإسلامية في طور أفولها والحضارة الأوروبية الصاعدة؟

انتقلت صناعة الورق، التي أخذها العرب عن الصينيين في القرن الثامن، إلى صقلية وصدرت هناك أول وثيقة على ورق أبيض أملس عام 1090، وبُنيت أول مطاحن الورق في أوروبا عام 1340 في إيطاليا، ثم أُنشأت مطاحن الورق في ألمانيا عام 1389. وهكذا تم التخلص من عناء الكتابة على ورق البردي الذي كان يستورد من مصر[4]، ولم يعد العلم حِكراً على طبقة دون أخرى، فقد أصبح العلم مشاعاً للناس. وقد مهدت مساهمة العرب في اختراع فن الطباعة، ومن دون ذلك لما استطاع المصلحون الدينيون الأوروبيون من أمثال مارتن لوثر وكلفن ترجمة الكتاب المقدس إلى لغاتهم القومية ونشره بين شعوبهم.

---

(4)   زيغريد هونكه، شمس العرب تسطع على الغرب، ط8، لا مكان
نشر: دار الآفاق الجديدة، 1986، ص 44 - 47.

وقد اشتغل العرب بنظرية البارود المشتعل حوالى القرن الثاني عشر، التي كانت معروفة عند الصينيين، واستخدموه في الحرب فيما بعد، وبخاصة في إسبانيا منذ مطلع القرن الرابع عشر خلال معركة بازا (Baza) وغيرها[5]. وقد ساهم ذلك في توسع الأوروبيين في صناعة الأسلحة وتطوير السفن المسلحة بالمدافع؛ التي مكنتهم من التنافس على سيادة المحيطات كما فعل الإنجليز عام 1588 عندما دمروا الأسطول الإسباني وأغرقوا أشهر سفنه "الأرمادا"، وذلك في العام نفسه الذي ولد فيه الفيلسوف الإنجليزي توماس هوبز.

وكان أثر العرب عظيماً على الغرب من حيث انتقال علم الرياضيات والأرقام العربية وما أخذوه عن الهنود، فسهلت تسميات الأرقام والتجارة ودراسة العلوم الطبيعية والطبية القادمة من الشرق؛ فقد كانت العلوم الطبية متطورة نسبة إلى أوروبا في زمن حروب الفرنج، كما تشهد عليها روايات أسامة بن منقذ، وابن جبير وغيرهما، وكما يذكر التاريخ عن إرسال صلاح الدين الأيوبي طبيبه الخاص لمعالجة رتشارد (قلب الأسد).

فمنذ مطلع القرن التاسع الميلادي والعلماء المسلمون يشتغلون في العلوم الطبيعية، كجابر بن حيان الذي لاحظ أهمية العلاقة الجدلية بين النظرية والتطبيق، العقل والتجربة،

---

(5)   م. ن، ص 50، 51.

واعتبر التجربة العلمية ممارسة إنسانية يقيمها عقل الإنسان ومنطقه، ثم يتحقق منها بالتجربة، ليعود مرة أخرى ليراجع ما توصل إليه من نتائج ويسعى لتطوير النظرية.

ومقولة جابر بن حيان المشهورة: "العلة الأولى هي العقل، والعقل هو العلم، والميزان هو العلم" تدل على التركيز على أهمية العقل. وفي كتابه "علم الميزان" يقيم التمييز بين ظاهر الشيء وباطنه، فالأول يقود إلى الثاني، والعكس صحيح، فيجعل من كتابه في الكيمياء مدخلاً إلى الفلسفة؛ للتأكيد على وحدة الكون عبر ثنائية الظاهر والباطن[6].

وفيما اشتغل جابر بن حيان بالكيمياء والفلسفة في مطلع القرن التاسع الميلادي، انطلق فيلسوف العرب الكندي (ت 873) ليؤكد على أهمية العقل بصورة أكثر وضوحاً، فمن خلال مؤلفه "رسالة في العقل"، اعتبر العقل المرجعية الوحيدة لتحصيل المعارف، وأناط بالرياضيات دوراً مهماً في تأسيس المنظومات النظرية واعتبرها طريقاً أساسياً صوب الفلسفة، كما فعل فلاسفة الإغريق وأعلام الفلسفة الأوروبية الحديثة الذين سنبحث في فكرهم في الفصل الثالث، مثل ديكارت وليبنتز وغيرهما.

---

(6)   طيب تيزيني، من اللاهوت المسيحي إلى الفلسفة العربية الوسيطة، ط1، دمشق: وزارة الثقافة، 2008.

أما الرازي (ت 932)، الطبيب والفيلسوف، فقد عمّق خروج الفكر الفلسفي عن آيديولوجيا الدولة الرسمية الذي بدأه الكندي، وهذا موقف شبيه بمساعي فلاسفة وعلماء ولاهوتيي القرنين السادس عشر والسابع عشر في أوروبا، عندما بدأت حركة الإصلاح الديني وانفتح الباب أمام هدم منظومة أرسطو الفكرية في نظام الكون وفيزيائه في الطبيعة، وذلك في سياق هدم آيديولوجيا الكنيسة الكاثوليكية التي اعتنقت الأرسطية وسعت إلى التوفيق بينها وبين الدين.

في محاولة الخروج الأيديولوجي على السلطة الرسمية: "سلطة التوحيد"، نجد محاولات لتخطي الانفصال بين الله والعالم والسعي نحو إقامة الصلة بينهما على نحو أشبه بمذهب وحدة الوجود. إذ عثرت بعض تيارات الفلسفة العربية على وسيلتها لتحقيق ذلك في كتاب "إثولوجيا" المنسوب لأرسطو، وهو أصلاً لأفلوطين، وسعت إلى تطويرها للاعتراف بالوجود الموضوعي، بما يسمى "العالم الخارجي"، الذي كان وهماً في الفلسفة المثالية، كما عند أفلاطون تحديداً.

أسس محمّد بن زكريا الرازي فلسفته على قاعدة تجاربه العلمية في الكيمياء والطب، كما فعل جابر بن حيان، ولكن أعمال الرازي الأصيلة لم تصل إلينا إلا عبر حوارات خصومه وردوده عليهم، وكانت كافية لوضع تصور دقيق للفلسفة.

في نظرية الوجود عند الرازي لا يوجد شيء من لا

شيء، فيوجب ذلك حدوث الطبائع من شيء قديم؛ القدماء الخمسة: الله والنفس والهيولي والمكان والزمن، ويوجدون على سبيل التركيب لا التجاور. وبذلك تتداخل هذه المصادر الخمسة في كونها عللاً ومعلولات.

أليس ذلك نوعاً من وحدة الوجود؟ أليس ذلك نزعاً لصفة الالوهية عن الله وبداية للشك النقدي في المقدسات الدينية؛ نظرية النبوة، مثلاً، التي نجدها عند الكندي ومن قبله، والتي سنجدها عند سبينوزا وتوماس هوبز فيما بعد؟

توصّل الكندي إلى أنه لا وجود لوساطة بين الله والعالم، فلا ملائكة أو أرواح أو أنبياء أو إمامة؛ إذ تساءَل الكندي: إذا كان مرجع الأنبياء واحداً فلماذا يختلفون؟

جعل الرازي العقل سيد الموقف في كتابه "كتاب الطب الروحاني: في فضل العقل ومدحه". فطالما وهبنا الله العقل، لا داعي لوساطة، والقول بتبعية العقل لمرجعية ما (حكيم، عادل، نبي، ... إلخ) هو إنكار لحكمة الله وعدله في توزيع العقل والحكمة بين الناس. ولكن، كيف يفسّر الرازي الآية: ﴿هَلْ يَسْتَوِى ٱلَّذِينَ يَعْلَمُونَ وَٱلَّذِينَ لَا يَعْلَمُونَ . . .﴾؟

يقول الرازي: العمل هو الطريق، فبالجهد والمثابرة يتوصل العقل إلى الحقيقة. إن خلاص الناس ليس في ماضيهم إنما في مستقبلهم؛ الخلاص يأتي بالعمل الفلسفي والاجتهاد العقلي، فالإنسان مجتهد، وفي هذا الاجتهاد تأكيد على حق الاختلاف بين الناس.

ألا يذكرنا ذلك بالجانب العملي في فلسفة فرانسيس بيكون الذي رأى أنها تفيد الناس وتحسِّن من أحوالهم المعيشية؟ ألا يذكرنا ذلك أيضاً بجون لوك الذي انطلق من مقولة "العقل يولد صفحة بيضاء" لينتهي إلى احترام الاختلاف بين الناس وقبول تنوعهم المذهبي والسياسي؟

لنعد الآن للحديث عن دور العرب في النهضة الأوروبية، وبخاصة خلال فترة حروب الفرنج على العرب والمسلمين، والتي استدعت إبداع وسائل جديدة للحصول على المال لتمويل الحرب.

كان الملوك في أوروبا يتنافسون على تخفيض الضرائب عن التجار لتشجيعهم على التجارة وسط إقطاعياتهم، وقد نشأ عن ذلك تنافس واسع بين التجار الأوروبيين، وبخاصة بين تجار إيطاليا وتجار جنوب فرنسا، وكانوا في أثناء هذا التنافس يجرّون أسيادهم الإقطاعيين إلى النزاعات لجني المزيد من الثروة، واحتكار الطرق التجارية المهيمنة على المراكز التجارية في البحر الأبيض المتوسط وما حوله.

فمثلاً، اتخذت الحملة "الصليبية" الرابعة (1199 - 1204) بُعداً إقطاعياً واضحاً قائماً على المصالح الرأسمالية بالدرجة الأولى، فقد كان هدف الحملة احتلال القدس والقسطنطينية معاً تابعين لروما، حيث كانت القسطنطينية آنذاك عاصمة الإمبراطورية المسيحية الأرثوذكسية المنافسة لروما؛ فوقّعت قيادة الحملة معاهدة مع مدينة البندقية كي تقدم السفن

اللازمة لنقل الجيش الضخم إلى الأراضي المقدسة[7]. وكانت الخطة السرية عند الفرنج القادمين من شمال أوروبا تمثلت في أن يحتل الفرنج الإسكندرية أولاً، ثم ينطلقوا منها صوب القدس.

ولكن خطة الهجوم على مصر، التي تكشفت للتجار في المدن الإيطالية لم تَرُقْ لتجّار البندقية الذين كانوا على علاقات تجارية ممتازة مع سلطان مصر، وكانت لهم هناك أسواق خاصة بهم يتمتعون فيها بالحماية والأمان. لذلك، ساهم تجار البندقية بجدية في تحويل أنظار "الصليبين" عن مصر، فكيف فعلوا ذلك؟

كانت شروط الاتفاقية التي وقّعها الفرنج مع أهل البندقية مجزية جداً، ففضلاً عن دفع الفرنج مبلغ 85000 مارك فضة مقابل خدمات النقل، احتفظ البنادقة بحقهم في نصف ما يستولي عليه الفرنج في الحملة[8]. ولكن أهل البندقية، وبالتعاون مع الألمان، نجحوا في تسليط الأضواء على العدو الإقطاعي المشترك للجميع، وهو بيزنطة- العدو الأكبر للألمان؛ الذين طالما تنافسوا في الماضي مع بيزنطة على الأراضي الواقعة جنوب ألمانيا. وقد حظيت خطة البنادقة في

---

(7) ميخائيل زابوروف، الصليبيون في الشرق، لاط، موسكو: دار التقدم، 1986، ص228.

(8) م. ن، ص234.

تحويل أنظار الفرنج عن مصر بموافقة الألمان وشرعوا في تنفيذ الخطة!

أحكم أهل البندقية قبضتهم على جيش الفرنج، إذ تم وضعهم في مخيم معزول على جزيرة ليدو القريبة، وتحكّموا في الإمدادات التي تصل الجيش إلى درجة أن الأمراض أخذت تفتك بهم واستشرى الجوع فيما بينهم[9]. واشتد الحصار فيما بعد، وبخاصة عندما لم يستطع الفرنج دفع كامل المبالغ المترتبة عليهم لقاء نقلهم إلى الشرق. فأخذ البنادقة يضغطون لتحويل مسار الحملة، فتوجهت الأنظار نحو بيزنطة.

وهكذا نلحظ تراكم رأس المال الهائل في المدن الإيطالية، كمدينة البندقية مثلاً، على حساب الأوروبيين الغربيين، كالفرنسيين والألمان. وتطور الأمر فيما بعد إلى صراع دامٍ بين المدن الإيطالية والفرنج القادمين من شمال غرب أوروبا.

وقد تجلت الصراعات بين الفرنج والإيطاليين وبين المدن الإيطالية نفسها؛ من خلال حرب الفرنج مع أهل البندقية وبيزا في مدينة عكا، التي كانوا يتقاسمونها ويحتكرون التجارة فيها[10].

---

(9) م. ن، ص246.

(10) السيّد الباز العريني، المغول، ط1، بيروت: دار النهضة العربية، 1986، ص 234 - 236.

وما لبثت الصراعات أن امتدت لتشمل القتال المباشر بين المدن الإيطالية نفسها، إذ قامت معركة بحرية بين أهل جنوه وأهل البندقية في ميناء عكا، انهزم فيها أهل جنوه هزيمة بالغة الشدة. واستمرت بعدها أعمال القرصنة بين الطرفين عام 1258.

كانت حال بيزنطة آنذاك سيئة للغاية، وكان كبار رجالاتها يمدون أيديهم إلى خزينة الدولة، التي كانت تتناقص بالتدرج نتيجة سيطرة تجار البندقية على البحر المتوسط، ونتيجة فقدان الإقطاعيات البعيدة التي كانت تابعة لهم في الشرق والغرب. ساهم ذلك كله في فتح القسطنطينية ونهبها وحرق أجزاءً كبيرة منها في آذار عام 1204م من قبل الحملة "الصليبية" الجديدة[11]. واكتفت هذه الحملة بنهب القسطنطينية ونسيت الشرق العربي الإسلامي، إلى حين!

بدأ الترويج للحملة "الصليبية" الجديدة من خلال طواقم من الرهبان كانوا يجوبون القرى في أوروبا ويقنعون الأقنان أن تحرير القدس سيتم على أيدي الفقراء المسحوقين، لأنهم أقرب إلى الله من الفرسان والإقطاعيين الطغاة. فيبدو أن أغلب الذين تطوعوا في تلك الحملة كانوا من الأطفال والشباب، إلى درجة أنه أطلق على هذه الحملة اسم "حركة الأطفال الصليبيين". كانوا يظنون أن البحر سينشق من أمامهم

(11) ميخائيل زابوروف، م. س، ص273.

بقوة الرب وسيعبرون البحر سيراً على الأقدام، كما فعل موسى بعد هروبه من مصر عندما شق بعصاه البحر الأحمر وأعاد غمره بالمياه مغرقاً الجيش الفرعوني[12].

ركب هؤلاء البحر في سبع سفن، غرقت اثنتان منها في الطريق قرب جزيرة سردينيا، أما السفن الباقية فاستدرجها التجار الذين عرضوا نقل الفرنج إلى سوريا، ورست في سواحل إفريقيا الشمالية، حيث قاموا ببيع الركاب في أسواق النخاسة[13].

وقد شكلت العبودية مصدر دخل آخر للمدن الإيطالية كما رأينا في استعباد الأطفال والشباب الذين قدموا إلى الأرض المقدسة، وبيعهم بمبالغ كبيرة في أسواق النخاسة؛ حيث كان يباع العبيد لمن يملك المال بغض النظر عن جنسيته ومذهبه أو دينه. وبذلك تراكم رأس المال أكثر فأكثر في أيدي التجار الذين ازداد نفوذهم؛ واشتدت سطوتهم وتدعّم نفوذهم السياسي في مدنهم المستقلة، وشرعوا في دعم الاكتشافات العلمية التي كانت ضرورية لبناء السفن وآلة الحرب؛ للحصول على مزيد من الثروة والسلطة.

وفي فرنسا، ساهمت الحملات المتتالية في توطيد الحكم الملكي فيها، وفي زيادة الوعي الذاتي بالقومية الفرنسية،

(12) ميخائيل زابوروف، م. س ، ص286.

(13) ميخائيل زابوروف، م. س ، ص287.

حال الممالك الأوروبية الأخرى. وقد نجم عن ذلك تحرير الفرنسيين لأرضهم، حيث كان الإنجليز يحتلون نحو ثلثي أراضي فرنسا منذ القرن الثاني عشر. واستمرت حروب الفرنج بين الفرنسيين والإنجليز لأكثر من مئة عام (1338 - 1453) بعد أن شرعوا في الانسحاب من الشرق العربي.

ولن نغفل عن الإشارة إلى أن الحروب بين الفريقين أخذت طابعاً دينياً أيضاً، بالرغم من أن كلا الطرفين من المسيحيين، إذ قادت المعارك الحاسمة القديسة جوان (جان دارك) التي شحنت همم الفرنسيين وقادتهم إلى النصر.

وفي ألمانيا تمظهرت نتائجها في عودة الميول اللامركزية فيها، معجلة في انقسامها إلى إمارات إقليمية مستقلة أضعفتها مقارنة بتصاعد القوى الأخرى في أوروبا.

أما في الأندلس، فقد ساهم الفرنج في استعادة الأراضي من العرب، كما حدث في الحملة "الصليبية" الثانية على وجه التحديد.

كانت مدن إيطاليا، مثل البندقية وجنوه وفلورنسا وميلانو، مدناً مستقلة سياسياً واقتصادياً؛ ازدهرت فيها العلوم والآداب والفنون على أشكالها، ولذلك استطاعت أن تبني الحضارة الفنية والفكرية والعلمية لعصر النهضة الأوروبية.

وكانت التجارة مع الشرق العربي الإسلامي أعظم حجماً من تلك التي كانت تبرم مع الغرب الأوروبي، فقد كانت عدد الصفقات التجارية آنذاك بين تجار البندقية وتجار الشرق

في الإسكندرية أكبر من عدد الصفقات المبرمة مع عكا الفرنجية، مثلاً، بينما كان العدد مماثلاً تقريباً مع القسطنطينية[14].

وبالرغم من أن المستفيد الأعظم كان المدن التجارية الإيطالية، كالبندقية وجنوه، فإن هناك دراسات تشير إلى التطور الاقتصادي الداخلي في أوروبا في القرنين الثاني عشر والثالث عشر. ولذلك نتساءَل في هذا المقام: هل اقتصر أثر التجارة مع الشرق في تركيز رأس المال في المدن الإيطالية فقط، أم أنّه تجاوزها إلى دول أوروبا الشمالية؟

كانت البضائع الثمينة القادمة من الشرق إلى ألمانيا عبر مدينة البندقية، على سبيل المثال، تشكّل معظم التجارة في ألمانيا آنذاك، وقد زادت ثروات أهل أوغسبرغ ونورمبيرغ، وأخيراً هولندا، نتيجة لتلك التجارة المهمة. كان ذلك حوالى القرن الخامس عشر، ويتأكد ذلك من خلال رسالة تاريخية كتبت عام 1297 بعد معركة ستيرلنغ تحديداً والتي انتصر فيها الإنجليز على الاسكتلنديين[15].

تُعلم الرسالة المذكورة تجار هامبورغ وغيرها من المدن الألمانية أنهم يمكنهم المرور بأمان إلى الموانئ

---

(14) ميخائيل زابوروف، م. س، ص328 .

(15) جون برنان، العلم في التاريخ؛ ترجمة شكري سعد، ط1، بيروت: المؤسسة العربية للدراسات والنشر، 1982، المجلد الثاني، ص 18.

الإسكتلندية[16]. وهذا دليل على نشاط التجارة عبر أوروبا كلها في خلال حروب الفرنج؛ التي انطلقت بزخم في القرن الثالث عشر، والتي استمرت لغاية القرن الخامس عشر، فقد استمرت الحملات "الصليبية" ضد المماليك في مصر لغاية حوالى القرن الرابع عشر، ثم تبعتها حملات ضد العثمانيين. وبالرغم من ذلك فقد ظلت العلاقات التجارية بين الشرق والغرب في ثقلها العام مستمرة ونشطة.

أما بشأن نتائج حروب الفرنج على العلاقات السياسية - الاجتماعية في داخل المجتمعات الأوروبية، فقد أسهمت الحملات ضد الشرق في ارتفاع مستوى الوعي الطبقي الذاتي لدى مختلف طبقات المجتمع الإقطاعي، وقد تمظهر ذلك في الصراع الذي قام بين الفلاحين والفرسان، وبين الأقنان وأسيادهم، الأمر الذي دفع الإقطاعيين إلى توحيد صفوفهم لصد ثورات الفلاحين[17].

وقد ساهم بعض المصلحين الدينين في أوروبا، كمارتن لوثر، في مواجهة ثورات الفلاحين باعتباره أن الثائر على سيده الإقطاعي هو مُرتد عن الدين سوف يعاقب على ذلك في الآخرة.

---

(16) Catherine Moriarty, *The Voice of the Middle Ages,* 1st ed., New York: Peter Bedrick Book, 1989, P.101.

(17) ميخائيل زابوروف، الصليبيون في الشرق، ص329.

ومن نتائج حروب الفرنج في الشرق ثورة الفلاحين الإنجليز عام 1381؛ التي كانت نتيجة حرية حركة الفلاحين بعيداً عن حدود الإقطاعيات خلال الحروب وما بعدها. لقد تذوق الفلاحون متعة الحرية في الشرق، بالرغم من محدوديتها(18)، فانتفضوا عندما عادوا إلى بريطانيا دفاعاً عن بعض الحرية التي تمتعوا بها في الشرق، الأمر الذي فتح الباب أمام تعديلات سياسية كبيرة؛ حصلت بموجبها الطبقات المسحوقة على امتيازات لم تكن تحلم بها في السابق، وأسست بذلك للديمقراطية البريطانية الحديثة.

كذلك دخلت الكنيسة في القرن الثالث عشر عصراً جديداً من التغير الفكري والسياسي؛ هو عصر فلسفة توما الأكويني التي أكدت على حقوق غير المسيحيين، وعلى أن أي حرب تستهدف إجبار الناس على اعتناق النصرانية هي حرب غير شرعية.

وقد تجلى ذلك فيما بعد من خلال تصريح البابا على أن "لغير المسيحيين حقوق في الشريعة الطبيعية (Natural Law) . . ."(19)، وهذا تقدم مهم من حيث تفهم حقوق الآخر، والخروج من مفهوم "البرابرة" الذي كان يُطلق على

(18) Henry Treece, *The Crusades,* P. 216.

(19) جوناثان سميث، ما الحروب الصليبية؛ ترجمة محمّد الشاعر، ط1، القاهرة: دار الأمين، 1999، ص 24، 25 .

غير المسيحيين ويحلل عبوديتهم، كما حدث مع أهل البلاد الأصليين في الأمريكيتين.

ولكن الكنيسة لن ترتقى إلى مرتبة الاعتراف بأن الخلاص الروحي ممكن لغير المسيحي إلا في العصر الحديث جداً، أي حوالى ستينيات القرن العشرين، ولكنها وضعت شرطاً لذلك تمثل في أن يكون الإنسان المرشح للخلاص مؤمناً بأن المسيح هو الذي سيدين الناس يوم الحساب.

ولا شك في أن الفرسان الذين عادوا إلى أوروبا من الشرق قد تأثرت حياتهم الاجتماعية بالقيم والعادات الشرقية. وقد كانت هذه العادات مكلفة مادياً، كالتزين في الشكل والملبس، وترصيع الأسلحة بالذهب والعاج، وأكل الفواكة، وشرب الخمر، وتزيين البيوت بالسجاد، وارتداء الألبسة الشرقية الفاخرة؛ كلُّ ذلك الإسراف قد زاد من الحاجة إلى النقود، وزاد من الربحية في التجارة ومن تراكم رأس المال، كما أدى إلى ازدهار الأعمال الحرفية، فأخذت المدن تحقق استقلالاً ذاتياً بعيداً عن نفوذ وسطوة الإقطاعيين.

فضلاً عما سلف، فقد أدت الحملات "الصليبية" إلى نقص في الأيدي العاملة في الإقطاعيات، الأمر الذي استدعى السادة أن يخففوا من عناء الفلاحين، فأخذت القنانة تتلاشى بالتدرج. كما كان بعض الفلاحين ينالون الحرية مقابل فدية نقدية. كذلك كانت بعض المدن تشتري حريتها من

الأسياد الذين كانوا يجمعون النقود لتمويل الحملات "الصليبية".

ساهم ذلك كله في ازدهار الحرفة والصناعات اليدوية والتجارة وحركة رأس المال والاستثمار، وبالتالي إلى ظهور طبقة ميسورة متحررة من قيود الإقطاع والكنيسة معاً؛ كانت هذه الاستقلالية من الأسباب الرئيسة التي شجعت العلم على التطور؛ بهدف تحقيق طموحات هذه الطبقة في التوسع التجاري عبر تطوير تكنولوجيا السفن والإبحار؛ فضلاً عن تطوير وسائل الملاحة وتكنولوجيا الإنتاج المختلفة.

كان انتقال التكنولوجيا من الشرق إلى الغرب عاملاً مهماً في تقدم الغرب، فقد تعلموا من الشرق بناء الطواحين الهوائية التي شاهدوها في سورية، كما أخذوا الدولاب المائي المحسّن عن السوريين. واقتبس الغرب عن الشرق بعض المزروعات، كالأرز والحنطة السوداء وقصب سكر[20]، ونقلوا الكثير من أشجار الفواكة والحمضيات وزرعوها عندهم.

وبناءً على ما تقدّم، هل يمكننا التساؤل عن أثر حروب الفرنج على التطور التقاني الكبير في الزراعة والملاحة

(20) شاهد الفرنج قصب السكر لأول مرة في صيدا.

(Harold Lamb, *The Crusaders,* 1st ed London: Eyre & Spott, 1999, P. 213, 214).

وأنظمة الري وصناعة الملابس، الأمر الذي خلق تكاملاً بين الأرياف والمراكز المدينية، وبالتالي خلق استهلاكاً وربحية واقتصاداً متكاملاً متعاضداً معتمداً على الذات؟

ونتساءَل أيضاً عن دور تعلّم الغرب صناعة الورق الأبيض عن العرب الذين تعلموه بدورهم عن الصينيين؟ وأيضاً، نتساءَل عن أهمية ظهور الطباعة في توسيع المعارف العلمية، النظرية والتطبيقية في أنحاء أوروبا كافة؟ فهل كان بالإمكان أن يتطور الغرب علمياً من دون هذا الاتصال مع العرب؟

ولن نطيل الحديث عن أثر اتصال العرب بالغرب الأوروبي خلال فترة الحروب، التي اندلعت حوالى نهاية القرن الحادي عشر، فإنه لا يقع ضمن أهداف هذا الكتاب الرئيسة، ولكن تنبغي الإشارة إلى انطلاقة ترجمة الأوروبيين، بُعيد انطلاق الحروب "الصليبية"، لمؤلفات الفلاسفة العرب والتراث اليوناني الذي حفظه العرب باللغة العربية وزادوا عليه، فقد بدأت في القرن الثاني عشر ترجمة موسوعة ابن سينا الفلسفية، كما ترجموا الفارابي والكندي وغيرهما[21].

أدى فشل الحملات في الشرق إلى ظهور الممالك الأوروبية إثر انحسار نفوذ البابوية، الأمر الذي سمح للعلماء

(21) عبد الرحمن بدوي، فلسفة العصور الوسطى، ط3، الكويت - بيروت: وكالة المطبوعات، دار القلم، 1979، ص 88.

بالعمل بحرية في كنف ملوكهم، كما كان يفعل العلماء في بلاط بني العباس، وكما كان ابن طفيل وابن رشد في قرطبة، خلال عصر دولة الموحدين، يعملون في كنف أمير المؤمنين المنصور، وغيرهم. وربما ساهم ذلك بقوة في ازدهار الفلسفة والعلوم والفنون والآداب وغيرها.

وهكذا نجد أوروبا في القرن الثالث عشر تنزع نحو نهضة علمية تمثلت في مدرسة أكسفورد الإنجليزية، مثلاً، والتي عنيت بالناحية الطبيعية في أرسطو، واهتمت بتطور العلوم عند العرب على وجه الخصوص[22].

بدأ الفكر في ذلك القرن يميّز بين ميدان العقل وميدان الدين، فأخذ يتضاءَل ما يمكن اثباته بالعقل من موضوعات الدين بصورة تدرجية[23]، في سلسلة من التطورات الفكرية التي مهدت السبيل إلى الفصل بين الفكر والوجود، كما حدث مع فلسفة ديكارت وهوبز وجون لوك في القرن السابع عشر، والتي بدورها مهدت لتحرر العلم الطبيعي من سيطرة اللاهوت؛ فقد أصبح العالم الطبيعي موضوعاً للعلم، وبات عالماً مستقلاً عن عالم الروح تمام الاستقلال.

لم تفق أوروبا من صدمة انهيار روما في مطلع القرن الخامس إلا في القرن الثاني عشر، حيث ولد العالم [illegible]

(22) م. ن، ص 166 .

(23) م. ن، ص 192 .

للتجارة والثقافة، في فرنسا في البداية[24]. وهذا دليل على أثر حروب الفرنج الأولى على الشرق، والتي كان جل أفرادها من "الفرانكس" سكان المناطق الواقعة شمال غرب فرنسا اليوم، وكانت تلك المناطق خاضعة للنفوذ الإنجليزي. وهؤلاء "الفرانكس" هم اللذين أطلق عليهم العرب لقب الفرنج.

وكانت الترجمات تتم في سوريا كذلك، فخلال أوائل القرن الثالث عشر ترجم فيليب الطرابلسي كتاب "سر الأسرار" إلى اللاتينية، وهو كتاب عربي مشهور أعطى روجر بيكون فكرة منهجه الذي استخدمه في سبر أغوار الطبيعية. وكانت هناك ترجمات عديدة في شمال أفريقيا أيضاً[25].

وخلال القرن الثالث عشر كان روجر بيكون يستشرف إمكانات العلم في الاختراع والاكتشاف، فحدثنا عن الآلات الضخمة التي ستمخر عباب المحيطات وتغزو العالم، على نحو شبيه بأعمال ليوناردو دافنشي في إيطاليا، وعلى نحو قريب من أعمال فرانسيس بيكون اللاحقة في نهاية القرن السادس عشر وبعدها.

وبفعل هذا الزخم من الترجمات والتفاعل الحضاري بين

---

(24) توماس جولدشتاين، المقدمات التاريخية للعلم الحديث؛ ترجمة أحمد عبد الواحد، ط1، الكويت: عالم المعرفة، 2003، ص 76.

(25) م. ن، ص 127.

الشرق والغرب، كانت قد تشكلت مدارس في القرن الثاني عشر في أوروبا، مثل مدرسة شارتر (Chartres) في فرنسا التي دعت إلى إصلاحات جسورة في التعليم العالي، وركزت على تطوير علوم الحساب والموسيقى والهندسة والفلك. وقد جُمعت في مدرسة شارتر أول مكتبة للعلم في العالم الغربي، وذلك لتضم بشكل منهجي كتابات العلماء الأقدمين[26]. كما نستطيع التحدث عن تأسيس أقدم جامعة أوروبية في ساليرنو، تلتها جامعة بادوفا التي درس فيها العالم وليم هارفي لمدة 28 شهراً ثم جامعة مونبلييه بجنوب فرنسا، ولاحقاً جامعة أكسفورد في بريطانيا في القرن الثاني عشر. وهذا دليل على أن الإنطلاقة العلمية بدأت من المناطق المتاخمة للشرق حول البحر المتوسط (إيطاليا وإسبانيا وجنوب فرنسا) ثم اتجهت نحو شمال أوروبا.

ويدّعي بعض أعلام الأوروبيين أن المدارس الأوروبية، ومنها مدرسة شارتر، كانت قد توصلت بقواها الذاتية إلى فلسفة طبيعية؛ أخذت تنظر بمنهجية علمية متطورة إلى العالم؛ متجاوزة ما كان مألوفاً في العصر الوسيط، ويدّعوا كذلك أن وصول الثقافة الإغريقية إلى أوروبا من خلال الترجمات العربية لم يحدث إلا بعد المفكّر الكونشي بنصف قرن. لذا، يعتبر هذا التيار الأوروبي أنّ المدرسة الأوروبية النقية كانت

---

(26) م. ن، ص 340.

ناضجة، ومن دون مساعدة خارجية، للهجوم على أرسطو وسحق الفيزياء الأرسطية لاحقاً، فهيّأ الكونشي لما سيقوم به برونو فيما بعد[27]. وهذه نظرة تمركز أوروبي حول الذات ينبغي التصدي لها.

ويعتبر غولدشتاين أن الدارسين الأوروبيين لم يدخلوا إلى إسبانيا في جماعات منظمة إلا مع أوائل القرن الثاني عشر، فقام جيرارد الكريموني، على سبيل المثال، بترجمة أكثر من سبعين عملاً أدبياً من العربية منذ وصوله إلى طليطلة عام 1160. ولكنّا نذكر غولدشاتين أنّ الأوروبيين بدأوا في الوصول إلى إسبانيا منذ نهاية القرن العاشر، كما يذكر هو نفسه[28]، وقد وصلت بعض ترجمات الأعمال الطبية العربية إلى أقدم جامعة أوروبية في ساليرنو خلال القرن الحادي عشر[29].

لذلك، فإننا نعتقد أن مدرسة شارتر وغيرها كانت على اتصال وثيق بالثقافة العربية الإسلامية قبل تأسيسها، كما نعتقد أن أهمية العرب لم تتوقف عند مجرد نقل العلوم والثقافة الإغريقية والهيلينستية؛ إنما تجاوزتها إلى تكثيف المادة المترجمة وتبسيطها كي يسهل على القارئ استيعابها بسرعة،

---

(27) م. ن، ص 102، 103.

(28) م. ن، ص 124.

(29) م. ن، ص 162.

فضلاً عن أنهم أضافوا شروحاتهم الخاصة، سيما في الطب والصيدلة والرياضيات والفلك والفيزياء والفلسفة وغيرها من العلوم، وبخاصة علم الهيئة والفلسفة والعلوم الطبيعية والاجتماعية.

وأخيراً، إذا نظرنا إلى "الهيئة" الخارجية للعالِم الإيطالي توسكانيللي (Toscanelli)، وهو العالِم الذي احترمه معاصروه كطبيب وفلكي وجغرافي، فإن هيئته الخارجية تُخبرنا عن فضل العرب على الأوروبيين؛ فقد كان توسكانيللي يلبس العمامة العربية على رأسه اعترافاً بفضل العرب. وهو الذي وصلت خرائطه إلى ملك البرتغال ومن ثم إلى كريستوفر كولومبس، التي تمكن بواسطتها من إنجاز مشروعه العالمي الكبير في الاكتشاف[30].

أخيراً، هل يمكننا القول إنّ العرب والمسلمين في نضالهم ضد الفرنج خلال "الحروب الصليبية" قد ساهموا في نمو الرأسمالية، وتراكم رأس المال في المدن التجارية الأوروبية، ومن ثم في اندياحها إلى عمق القارة الأوروبية وإلى أطرافها الغربية، ومن ثم اندياحها عَبر المحيطات، لترتد إليهم على شكل إمبريالي همجي استقطابي التكوين، لم نعد نعرف كيف يمكننا أن ننفك من تبعيته، التي لا تسمح آلات استقطابه وهيمنته علينا، بحكم تركيبتها البنيوية، بأي شكل

---

(30) م. ن، ص 23، 24.

من أشكال التنمية في دول الجنوب، إلا إذا كانت تنمية في التخلّف[31]؟

بالرّغم من اتّسام مدينة البندقيّة بسمات الرّأسماليّة، منذ القرن الثّالث عشر، فإنّ التّاجر البندقيّ لم يعتبر نظامه عالميّاً كما رأته أوروبّا الأطلسيّة، فقد أدرك الأوروبّيّون قدرتهم على فتح العالم كلّه، ابتداءً من تاريخ اكتشاف أميركا. فما الذي حدث بعد فتح أميركا ما جعل الإصلاح الديني في أوروبا ممكناً، والذي جعل الثورة العلمية الكبرى تقف على أبواب الحضارة الإنسانية؟

فتح أميركا

يرى سمير أمين أن ظهور علاقات الإنتاج الرّأسماليّة في أوروبّا الغربيّة، في أواخر القرن الخامس عشر للميلاد، بصورة موازية للتّوسُّع الأوروبّي عَبْر المحيط، قد أدى إلى تكوَّن النّظام المركنتيلي التجاري، ذو الطابع الرّأسمالي، بوصفه أوّل نظام اقتصادي عالمي؛ نظام تميّز بسيطرة رأس المال الأوروبّي التّجاري على مستعمرات أميركا، وباستغلال العبيد الأفارقة وسكان أميركا الأصليّين، لمصلحة تراكم رأس المال وتدويره.

---

(31) أنظر، مثلاً: أيّوب أبو ديّة، تنمية التخلف العربي، ط1، بيروت: دار الفارابي، 2004.

إنّ اعتبار المرحلة المركنتيليّة مرحلة بداية الرّأسماليّة، هو أمر مُختلف عليه. فقد رأى موريس دوب[32] (Maurice Dobb) ارتباط نقطة التّحوّل، وظهور الرّأسماليّة، بتغيُّر في نمط الإنتاج. وهذا ما لم يحصل في حالة المرحلة المركنتيليّة المبكّرة. لذلك، فإنّ المرحلة الحاسمة للانتقال تمَّت في النّصف الثّاني من القرن السّادس عشر، وبداية القرن السّابع عشر، وذلك عندما شرع رأس المال في تثوير الإنتاج بصورة ملموسة. وقد تمظهر الانتقال في شكل علاقات شبه ناضجة بين الرّأسمالي والعامل المأجور[33].

مهما يكن من أمر تاريخ ظهور الرأسمالية، سواء كان في أواخر القرن الخامس عشر أم في النصف الثاني من القرن السادس عشر، فقد كانت إرهاصاتها واضحة جلية في المدن الإيطالية منذ حروب الفرنج في القرن الثاني عشر فصاعداً.

---

(32) موريس دوب، أستاذ الاقتصاد في كليّة الثّالوث الأقدس - كامبريدج (Cambridge) لندن. له مؤلّفات كثيرة منها "الاقتصاد السّياسي والرّأسماليّة"، "التّطوير الاقتصادي السّوفياتي منذ 1917"، و"حول النّظريّة الاقتصاديّة والاشتراكيّة". أمّا كتابه المشهور "دراسات في تطوّر الرّأسماليّة"، الّذي اعتمدنا عليه في هذا البحث، فقد صدر عام 1946 في طبعته الأولى، والنّسخة الّتي بين يدينا هي الطّبعة الثّامنة، الّتي صدرت عام 1963.

(33) Maurice Dobb, *Studies in the Development of Capitalism,* [8th. Edition], London: Routledge & Kegan Paul Ltd., 1963, P.17,18.

فقد أدى اختفاء الدولة في أوروبا، حوالى بدايات عصر النهضة، إلى عدم تمكين سلطة الإقطاعيين من مد نفوذها وتوسيعه على غرار المجتمعات الخراجية المكتملة. كذلك، ساهم ذلك في ظهور مدن حرة، وبؤر تجارية حرة، فيما بين هذه الإقطاعيات المتناثرة، وخارج نطاق نفوذها، الأمر الذي أدى إلى ظهور تجار وحرفيين أحرار.

فعندما تبلورت الأتوقراطية المَلَكِيّة، على غرار المتجمع الخراجي المتقدم، اضطرت الملكية إلى إقامة توازن بين الإقطاعيين والبرجوازية الناشئة. ولكن، جاءت هذه الممارسات متأخرة لأن البرجوازية كانت قد أصبحت قوية، الأمر الذي جعل الملكية أسيرة رغباتها. وهكذا أصبح عصر المركنتيلية-أي الرأسمالية التجارية والأتوقراطية الملكية - مرحلة انتقال سريع إلى الرأسمالية في أوروبا[34].

ما هو الفرق الجوهري بين طبيعة النظام الرأسمالي والنظام الإقطاعي الخراجي الطابع الذي سبقه، وذلك من وجهة نظر أصحاب مدرسة التبعية، وبخاصة أطروحة سمير أمين؟

لقد تشاركت المجتمعات المتطورة، ما قبل الرأسمالية،

---

(34) أنظر: أيّوب أبو ديّة، تنمية التخلف العربي، ط1، بيروت: دار الفارابي، 2004.

في طابع متماثل، خراجي النمط، تميز عن النمط الرأسمالي. كأن يتم اغتصاب الفائض من الفلاحين بواسطة وسائل شفافة تقترن بنظام الحكم السياسي الأيديولوجي. وكان المجتمع الخراجي يُعيد إنتاج نفسه بهيمنة الآيديولوجيا، حيث السلطة هي مصدر الثروة. إذ كان المجتمع الخراجي يعيد إنتاج نفسه بهيمنة الآيديولوجيات ذات الطابع المطلق، كدين الدولة، التي كانت تكسب نظام الحكم شرعيته، وتلغي شفافيته.

لذلك، يمكن القول أن النظام المغلق والمحكوم بأيديولوجية قوية ومركزية صارمة لم يسمح للعلم والفلسفة بالانفكاك من الرقابة الشديدة، إلا في بداية تشكل الدول العربية الإسلامية حيث كان التنوع الاثني والمذهبي ظاهرة عامة، فنجد الكندي يتحدث عن جدلية الظاهر والباطن حيث يقود أحدهما إلى الآخر، فأصبحت المعرفة عملية مفتوحة في كتاب "علم الميزان"، وبذلك فتح الباب أمام المثاقفة وقبول الآخر، ولكن أتاه مصيره المأساوي مع الخليفة المتوكل بالله (ت 861) حيث ضربه الخليفة وصادر مكتبته واتهمه بالإلحاد، بالرغم من أن الكندي كان ابن أمير الكوفة وصاحب جاه وثروة وسلطة، وبالرغم من علاقته الحميمة السابقة مع المأمون والمعتصم.

أما ابن رشد (ت 1198) فيلسوف قرطبة، فقد اشتغل بالفلسفة ضمن حدود أيديولوجيا الدولة التي سمحت بالتأسيس لمشروعية الفلسفة؛ انطلاقاً من نص ديني مهيمن

وذلك من خلال التأويل، ولكن الفلسفة جعلته يتجاوز المحظورات. فبالرغم من أنه استطاع في كتابه "فصل المقال فيما بين الحكمة والشريعة من الاتصال" التوفيق (وليس التلفيق) بين الفلسفة وبراهينها العقلية والشريعة التي تعتمد على الغيب والوحي.

ويرى ابن رشد أن التأويل ضروري لأهل النظر أكثر من ضرورته للفقهاء؛ لأنهم أقدر عليه، وهو السبيل إلى نفي التعارض بين ظاهر النص والحقائق اليقينية ثمرة البرهان الفلسفي؛ والتأويل هو "إخراج دلالة اللفظ من الدلالة الحقيقية إلى الدلالة المجازية، من غير أن يخل ذلك بعادة لسان العرب في التجوز".

فإذا كان جائزاً للفقيه الذي يستخدم القياس الظني أن يؤول، فكم بالحري أن يفعل ذلك صاحب علم البرهان .... وعنده قياس يقيني!

وانطلاقاً من إيماننا بوحدة الحقيقة، واختلاف طرق الوصول إليها، وتفاوت درجات الناس وحظوظهم في تحصيلها، فهناك ثلاثة مستويات للناس إزاء تصديقها : 1) من يصدق بالبرهان. 2) من يصدق بالأقاويل الجدلية. 3) من يصدق بالأقاويل الخطابية. ومن يصدق بالبرهان هم أهل النظر، الفلاسفة.

رفض ابن رشد الأفكار الفطرية الأفلاطونية (تذكُّر ما كان في عالم المُثل) وقرر أن المعرفة نشاط إنساني لظواهر

موضوعية؛ تتطور لتدرك الكليات انطلاقاً مما هو محسوس، بالاستعانة بالتخيل؛ فالعالم المادي أسبق في الوجود من الفكر. والمعرفة تتسم ببعدها التاريخي الزمني (وهنا يظهر أثر ابن طفيل في "حي بن يقظان"). فلم يعد هناك أصل مثالي أو غيبي للمعرفة، ولم تعد الكليات تمتلك وجوداً خارج النفس.

فالعقل هو الأداة لمعرفة الشيء الحقيقي، أما الفقيه فمعرفته ظنية!

ولكن قبيل وفاته (عام 1195م) أُحرقت كتبه وسائر كتب الفلسفة، وحُظر على الناس الاشتغال بالعلوم العملية والنظر باستثناء الطب والنجوم والحساب.

وبفعل هذه الأنظمة المغلقة كان الإنتاج العلمي يقتصر اهتمامه على إنتاج الإختراعات؛ التي كانت مادة لتسلية الخلفاء والأمراء والترفيه عنهم، كصناعة الساعات القديمة المزخرفة والأعمال الهندسية والميكانيكية لتحريك المياه وتشغيل النوافير وما إلى ذلك.

أما في الرأسمالية، فتكون الثروة هي مصدر السلطة، ويتم اغتصاب الفائض من خلال وسائل اقتصادية الطابع غير شفافة. إذ تلقي الآيديولوجيا الاقتصادية قناعاً على الاستغلال الاقتصادي وتعطيه الشرعية المطلوبة لإعادة إنتاج ذاته. وبالمقابل، تكون العلاقات السياسية شفافة، وهو شرط ظهور الديمقراطية.

تمثلت التبادلات التجارية الداخلية، في المراكز، في توزيع المنتوجات القادمة من الأطراف: منتوجات الاستهلاك "الفاخرة" من أصل زراعي، كالسكر من الأميركيتين، ومن أصل حرفي، كالحرير والصوف من الشرق، مقابل المعدن الثمين المنهوب من أميركا[35]. وساعد ذلك كله على إنضاج شروط ملائمة للثورة الصناعية في أواخر القرن الثامن عشر، بدءاً من إنكلترا[36]، بوصفها الأعظم سيطرة على النظام. ثم امتدت العلاقات الإنتاجية الرأسمالية لتشمل معظم مناطق أوروبا وشمال أميركا، وذلك خلال الثلثين الأولين من القرن التاسع عشر.

لقد فتحت الرأسمالية الباب على مصراعيه للتطور العلمي والتقاني الذي يهدف إلى الإنتاج، إلى جانب الهيمنة العسكرية والتوسع عبر المحيط؛ لاكتشاف أسواق جديدة ومواد خام وأيدي عاملة رخيصة وأراضي زراعية جديدة.

---

(35) سمير أمين، التراكم على الصعيد العالمي: نقد نظرية التخلف؛ ترجمة حسن قبيسي، لا ط، بيروت: دار ابن خلدون، 1970، ص 72.

(36) فيما يرى البعض أن سبب ريادة إنكلترا هو دينامية المجتمع الإنكليزي ـ أي الثورة الزراعية والديمقراطية السياسية التي أقامتها ثورة 1688 ـ يرى سمير أمين (وفالرشتاين، مثلاً) أن ذلك قابل للنقاش. إذ يتوجب التركيز على المكاسب التي جنتها إنكلترا، في وضعها المهيمن، من الاستعمار المباشر وغير المباشر للقارة الأميركية.

الإصلاح الديني يمهّد للثورة العلمية

كان القرن السادس عشر قرن الإصلاح الديني، فمع لوثر (ت 1546) وكلفن (ت 1564) بدأ الانفصال الديني عن السلطة الكنسية المركزية - روما، التي شرع نفوذها في الأفول بعد الحروب الدامية التي اجتاحت أوروبا بين الكاثوليك والبروتستانت، وازدياد الشعور القومي في الدول الأوروبية، حيث أخذت الشعوب تتطلع إلى السلام، وشرع الفلاسفة في التأسيس الفلسفي لمشروعين أساسين؛ هما الفصل بين العلم والدين، ونشر ثقافة التسامح بين المذاهب، وتهيئة العقول ما قبل العلمية لاستقبال العلوم الحديثة الناشئة التي تلقفتها الرأسمالية الصاعدة.

وفي سياق إذكاء حركات الإصلاح الدّيني في القرن السّادس عشر انتشر الشّعور القومي في أوروبّا. وجاءت هذه الحركات انتصاراً لسلطة أمراء الإقطاع على سلطة كنيسة روما، وقمعاً لثورة الفلاّحين. فقد برّر لوثر[37] (Luther)، مثلاً، النّهب والذّبح، واعتبره فعلاً إلهيّاً هدفه محاربة

(37) لوثر (1483-1546)، مارتن لوثر، مؤسّس المذهب البروتستانتي، ومحفّز دعوة الانفصال عن روما والاتّصال مع الله من دون وساطة(جان جاك شوفالييه، تاريخ الفكر السّياسي: من المدينة الدّولة إلى الدّولة القوميّة؛ ترجمة محمّد عرب صاصيلا، ط 2، بيروت: المؤسّسة الجامعيّة للدّراسات والنّشر والتّوزيع، 1993، ص 398).

الأشرار؛ واعتبر أن كلّ مقاومة للملك السّيّد جريمة قدح في الذات الإلهيّة، لأنّ السيّد يحمل صولجان الله[38]. وبالرغم من ذلك فقد كانت الطبقات المسحوقة تعي ذاتها وباتت تدافع عن مصالحها وتطالب بحقوقها، وإنْ كانت مطالبها محدودة في تلك الفترة.

كان حال إنجلترا آنذاك بائساً، على المستويين الصّحّي والاجتماعي. فعلى سبيل المثال، خضعت الجماهير للمراقبة، وعُوقب بغرامة كبيرة كلّ من لا يحضر القدّاس مرّة واحدة في الشّهر على الأقل. وكان الاعتقاد بالسّحر والجنّيّات شائعاً، فضلاً عن المناقشات الدّينيّة المستعرة[39].

كما قامت حركة احتجاج من الطّهريّين البروتستانت، وغيرهم من فئات دينيّة أخرى، الّذين كان أغلبيّتهم من صغار النّبلاء وبرجوازيّة المدن، وعبروا عن طموحاتهم الطبقية ومشاريعهم الرأسمالية الصاعدة باختلافهم المذهبي وشكّلوا أغلبيّة أعضاء مجلس النّوّاب، وعارضوا المَلَكيّة، وسعوا إلى إزالة آثار البابويّة[40].

---

(38) م. ن، ص 258 - 260 .

(39) W. Turner, «Introduction: The English Stage», in *King Henry 1V* / Shakespeare, 1/ XXII, XXIII.

(40) جان جاك شوفالييه، تاريخ الفكر السّياسي: من المدينة الدّولة إلى الدّولة القوميّة؛ ترجمة محمّد عرب صاصيلا، ط 2، بيروت: المؤسّسة الجامعيّة للدّراسات والنّشر والتّوزيع، 1993، ص319.

وهكذا غدت تعبيرات الانقسام المذهبي تتجلى طبقياً في المجتمعات الأوروبية، وراحت تعبر عن صراعات اجتماعية وسياسية ساخنة؛ مثلت إرهاصات للثورات اللاحقة والتغييرات السياسية الحاسمة القادمة في تاريخ بريطانيا وأوروبا عموماً.

خلال عهد الملك هنري الثامن (1509 - 1547)، استقلت إنجلترا عن كنيسة روما الكاثوليكية وأسس الملك الكنيسة الانجليكانية المستقلة، على خلاف ظاهري يتعلق بتعدد زوجاته، حيث غدا الملك هو رأس الكنيسة ورأس الدولة معاً. وأعدم من عارضه علناً وصادر أملاك الكنيسة ووحد إنجلترا وبنى أسطولها البحري. ساهم الملك هنري الثامن في زيادة ثقل إنجلترا السياسي والعسكري آنذاك مستثمراً الصراع بين فرنسا وإسبانيا؛ بالتحالف مع أحدهما طوراً، وتارة مع الآخر، كيلا يقوى أي منهما.

ازدهرت البروتستانتية في عهد الملك إدوارد (1547- 1553)، وما لبثت أن عادت الكاثوليكية في عهد الملكة ميري(1553-1558)، وجاء حكم الملك جيمس الأول الكلفني البروتستانتي حتى عام1649، ثم تلاه حكم الملك جيمس الثاني الكاثوليكي [41]. وهكذا كان الصراع الاجتماعي يتمظهر من خلال الصراع المذهبي، حيث كان الكاثوليك الإنجليز يتحالفون مع دول أوروبا الكاثوليكية (إسبانيا وإيطاليا

---

(41) م. ن، ص 318- 322.

وفرنسا)؛ فيما كان البروتستانت ينشدون الاستقلال عن أوروبا وتأسيس دولة قومية مستقلة السيادة مهيبة الجانب.

إنّه عصر كانت تُفسَّر فيه الانتصارات بأنها أدلة على رضى الله عن المنتصر. وبظهور البروتستانتية، بدأ يترسَّخ الاعتقاد أنّ علاقة الإنسان مع الله ممكنة من دون وساطة إنسانية، وأصبح التخلي عن التبعية لروما ممكناً، الأمر الّذي فتح المجال أمام نهوض الشعور القومي. وزيادة نفوذ الملوك نتيجة الأيديولوجيا البروتستانتية التي أدّعت أن الاتصال مع الله ممكن بصورة مباشرة ولا يحتاج إلى وساطة رجال الكهنوت.

ورافق ذلك كله زيادة الشعور الوطني عند الإنجليز، في سياق صعود الشّعب الإنجليزي وظهور أدباء يحيون تراثه ولغته، مثل شكسبير[42] (Shakespeare)، ففيما نجد فرانسيس بيكون يهدي بعض أعماله إلى المطران الذي ترجم الإنجيل (العهد الجديد من الكتاب المقدس) إلى اللغة الإنجليزية. نجد ديكارت في فرنسا يشرع في الكتابة العلمية باللغة الفرنسية لتصل إلى السواد الأعظم من الجماهير المثقفة، وشرع الأدباء الفرنسيون يكتبون باللغة الفرنسية لشعوبهم.

عبَّر شكسبير عن الشّعور القومي الإنجليزي، بإحياء

---

(42) شكسبير (1564-1616)، الأديب والمسرحي الإنجليزي المشهور (م. ن، ص (XVII- XIV).

تاريخهم وتمجيد أبطالهم من أمثال هنري الرابع. لم يكن إنتاج شكسبير غريباً عن إنتاج بيكون، فهناك اعتقاد أنّ الأخير هو مؤلّف مسرحيّات شكسبير! لقد تشابكت أيدي الفلاسفة والعلماء والأدباء للتعبير عن نهضة الدول القومية في أوروبا.

ولا نستطيع عزل الأحداث في إنجلترا عن أحداث فرنسا الملتهبة آنذاك. فقد حدثت مذبحة سان برتليمي (St. Barthelemy) عام 1572 في العام نفسه التي اكتشف فيه العالم الدنماركي تايكو (Tycho Brahe) نجماً جديداً خارج فلك القمر، على الأرجح أن يكون انفجاراً شمسياً بعيداً جداً (Supernova)، كما اكتشف شهباً كانت تتخذ مسارات غير دائرية تتقاطع مع مسارات الأفلاك المعروفة آنذاك، وقد أدت رصدات هذا الفلكي إلى نفي الاعتقاد بعالم أرسطو الخالد الواقع خارج فلك القمر، كما ادّعت الكنيسة أيضاً[43].

ثم جاء مرسوم عام 1598، الّذي حصل البروتستانت بموجبه على امتيازات سياسية وعسكرية. وبدأ الملك في نهاية القرن السادس عشر يلعب دور الموفق بين الديانات. وتضاربت الآراء حول مدى سلطة البابا على المَلِك، وحول حق الشعب في عزل الملك الطاغية. وتَتوَّج ذلك بقتل الملك هنري الرابع على يد راهب، عام 1610، وأخيراً، تمّ الغاء

(43) B. Russell, *History of Western Philosophy,* New edition, London, 1961, p. 515.

المرسوم عام 1685، ونتج عنه هجرة كبيرة للبروتستانت الفرنسيين[44].

أصبح الملك في بريطانيا هو رأس الدولة ورأس الكنيسة معاً، وما زال حتى يومنا هذا، وبازدياد نفوذ الملكية تقلص نفوذ رجال الدين إلى حده الأدنى؛ مقارنة بما كانت الحال عليه خلال هيمنة البابوية على معظم أوروبا، فانفتح الباب لمزيد من الحريات لتحدي نظام أرسطو الذي اعتنقته الكنيسة، وبالتالي إلى تحدي سلطة الكنيسة لأنها كانت قائمة على أوهام، الأمر الذي شكك في مصداقيتها العلمية والروحية معاً. وبذلك تأسست الأرضية المناسبة لإنطلاقة العلم الحديث.

الثورة العلمية الكبرى

نسمِّ الثورة التي حدثت في أوروبا في القرن السابع عشر تحديداً بالثورة العلمية الكبرى لأسباب موضوعية، نذكر منها:

1- إبداع برادايم (Paradigm) جديد للمنهجية العلمية الحديثة يختلف عن المحاولات السابقة كلها في التاريخ.

2- وهي ثورة كبرى لأنها أسست لثورات لاحقة في فروع المعرفة كافة.

---

(44) الملكان هما هنري الثّالث وهنري الرّابع على التّوالي.

3- ثم هي مشروع متكامل، لم يقتصر على فرع محدد من الفتوحات كما كان الحال قبلها؛ بل فتح هنا واكتشاف جديد هناك، فالثورة العلمية الكبرى امتدت لتشمل فروع المعرفة كلها.

4- وهي ثورة كبرى لانداحها في العالم بسرعة لا مثيل لها في التاريخ، لأن أسسها كانت علمية متينة ولأن مشروعها كان ملائماً لطموحات عصرها وظروفه الاجتماعية والسياسية.

5- ولأن أفقها تجاوز أوروبا وعالمنا الأرضي ليشمل الكون برمته.

6- وأخيراً، فإنها أبدعت منهجية علمية لم تتوقف عند استشراف المستقبل بل راحت تبحث في تاريخ البشرية وتعيد قراءته من منظور جديد، فضلاً عن أنها غدت تبحث في العلل الطبيعية للكون منذ لحظة نشوئه.

لم تكن معالم كل من الفلسفة أو العلم متمايزة كما هي حالها اليوم، في أغلب الأحوال، بل كنا نتحدث عن "الفلسفة الطبيعية" أو "فلسفة الطبيعة" التي شقت طريقها عبر تاريخ البشرية، وأشعل شرارتها الأولى كاهن بولندي، هو كوبرنيق، في نهاية النصف الأول من القرن السادس عشر ، فأصبحنا نتحدث عن ثورة كوبرنيقية.

وعليه، فإننا نستطيع أن نتتبع ظهور الفتوحات العلمية في العصر الحديث، وأثرها في ظهور الفلسفة الحديثة من خلال دراسة الأحداث التالية، بدءاً من صاحب الثورة الكوبرنيقية نفسه.

كوبرنيق (Copernicus)
(1473 - 1543)

عالم فلك ورجل دين بولندي، سافر إلى إيطاليا وعاش أجواء عصر النهضة الأوروبية ودرّس في روما علم الرياضيات نحو عام 1500، ثم عاد بعد بضع سنوات إلى بولندا واشتغل على نظريته حول مركزية الشمس وأن الأرض تدور حول نفسها وحول الشمس.

توصل كوبرنيق في مرحلة مبكرة إلى فكرة أن الشمس هي مركز العالم، وأن الأرض تتحرك حركتين في آن معاً، حركة دائرية حول نفسها الذي ينجم عنها الليل والنهار، وحركة سنوية حول الشمس تنجم عنها الفصول الأربعة.

ولكن، خوفاً من التعرّض للعقاب بفعل اعتناق الكنيسة للفكر الأرسطي الذي اعتبر أن الأرض تقع في مركز الكون وأن الشمس تدور في فلك دائري حولها، أهدى كتابه إلى البابا في روما، أي لرئيس الكنيسة الكاثوليكية؛ ولم ينشَر الكتاب إلا سنة وفاته، عام 1543.

تعود اكتشافات كوبرنيق إلى نظريات فيثاغورية قديمة، وإلى نظرية أريستارخوس تحديداً، والتي شاعت في القرن الثالث قبل الميلاد، ولكن اكتشافه هذا الذي جاء في القرن السادس عشر، أي بعد نحو ألفي سنة على نظرية أريستارخوس، كان له أهمية استثنائية.

أنزلت نظرية كوبرنيق الإنسان والأرض التي يعيش عليها من مكانتهما المقدسة، بوصف الأرض مركز العالم القديم ومن إبداع الخالق، إلى مجرد جرم سماوي يدور حول الشمس، حاله حال الكواكب الأخرى؛ الأمر الذي أقلق الكنيسة قلقاً كبيراً استدعى اتخاذ إجراءَات سريعة وحازمة، كتلك التي اتخذتها محاكم التفتيش مع برونو والتي أدت إلى حرقه حياً.

ربما لم تقم ضجة كبيرة إثر اكتشاف كوبرنيق لمركزية الشمس بسبب وجود مشكلات حقيقية أمام إثبات مركزية الأرض بالرصد. إذ إنه لم يتمكن الراصدون من حل مشكلة ثبات النجوم في ظل دوران الأرض حول الشمس، فمن المفترض أنها إذا كانت فعلاً تدور فينبغي أن نلحظ تغيراً في النجوم ومواقعها. ولكن كوبرنيق أجاب عن هذه الإشكالية بقوله إنّ النجوم لابد أن تكون بعيدة جداً عن شمسنا، ولذلك لا تتغير مواقع النجوم مع دوران الأرض.

مشكلة أخرى واجهت نظرية كوبرنيق وهي أن افتراض

دوران الأرض حول نفسها يستدعي عدم سقوط جسم من مكان عالٍ عمودياً تماماً تحت نقطة السقوط؛ لأنه خلال زمن سقوط الجسم تكون الأرض قد تحركت نتيجة دورانها حول محورها من جهة الغرب إلى الشرق، فينبغي، إذاً، أن يسقط الجسم في مكان آخر وليس تحت نقطة السقوط الابتدائية تماماً.

ولم يستطع العلماء الإجابة عن هذه التساؤلات لغاية اكتشاف غاليليو قانون القصور الذاتي وحركة الأجسام الأرضية.

أهدى كوبرنيق كتابه الذي نُشر سنة وفاته إلى البابا؛ خوفاً من اضطهاد محاكم التفتيش التي اقتبستها الكنيسة عن محاكم التفتيش اليهودية التي تأسست في قشتالة - إسبانيا في القرن الثالث عشر.

وفي عام 1543 نُشر كتاب كوبرنيق سنة موته خوفاً من اضطهاد الكنيسة، ومنذ ذلك الوقت شرع العلماء والفلاسفة في التشكيك بمنظومة أرسطو التي اعتنقتها الكنيسة الكاثوليكية، ومهدت هذه الشكوك للفصل بين اللاهوت والفلسفة، والفصل بين الدين والعلم.

ولكن، عندما اطّلع عليه المصلح الديني مارتن لوثر الذي أسس المذهب البروتستانتي؛ صُدم بالفكرة واستشهد بالتوراة عندما أمر يشوع بن نون الشمس بالوقوف لاستكمال ذبح أهل

أريحا من الكنعانيين(45)، إذ تساءَل لوثر: لم لم يأمر يشوع بن نون بوقوف الأرض إذاً كان ما يدعيه كوبرنيق صحيحاً؟

أما كلفن المصلح الديني الآخر فقد استشهد أيضاً بثبات الأرض من المصدر نفسه في العهد القديم من الكتاب المقدس (التوراة: (psa.xciii,I).) فالفكر المسيحي القروسطي شرع يربط بين العهدين القديم والجديد من الكتاب المقدس وبخاصة مع ظهور البروتستانتية، بينما جاء المسيح لينادي بالقطع مع العهد القديم، كما يتبدى من خطبة المسيح على جبل الزيتون بالقدس، حينما قال:

"لقد قيل لكم العين بالعين والسن بالسن، أما أنا فأقول لكم من ضربك على خدك الأيمن فأدر له الأيسر".

وينبغي ألا نغفل حقيقة أن الفكر العبري وروايات العهد القديم قد أثَّرا في فكر أرسطو الذي اعتنقته المسيحية في أوروبا، وذلك من خلال فتوحات الإسكندر المقدوني الواسعة النطاق في سورية ومصر والعراق، إذ كانت نظريات توراتية كثيرة معروفة لدى فلاسفة الإغريق في أيام أرسطو، كنظرية الخلق ومملكة السماء ونحوهما.

ومهما يكن من أمر معارضة رجال الدين، وبالرغم من

---

(45) جاء أمر يشوع بن نون لتتوقف الشمس لاستكمال إبادة أهل أريحا من الكنعانيين، كما جاء في التوراة، فلم يبقِ على أحد من أهلها، ولم تسلم حتى الحيوانات من هذه الإبادة الجماعية التي باركها إله التوراة.

مقاومة البروتستانتية للعلم الحديث الناشئ، فإن الكهنوت البروتستانتي كان ضعيفاً نسبة إلى قوة الملوك في أوروبا الذين دعموا العلماء لرغبتهم في بناء دولة قوية مؤسسة على المعارف الحديثة.

تايكو براهي (Tycho Brahe) (1601–1546)

إن الملاحظات التي دوّنها تايكو، الفلكي الدنماركي المشهور، في القرن السادس عشر، وقبل استخدام التلسكوب، كان لها الفضل الكبير في قبول العلماء نظام كوبرنيق المرتكز إلى نظريته في مركزية الشمس في عالمنا، والتي خالفت نظامي أرسطو وبطليموس. فمن هو تايكو؟

انبهر تايكو وهو ما يزال في سن الرابعة عشر عندما رأى الخسوف الكلي للشمس الذي كان متوقعاً من قبل علماء الفلك آنذاك، حدث ذلك بتاريخ 21/ 8/ 1560، فانحرف تايكو عن دراسة المحاماة التي دفعه إليها عمه الثري الذي تبناه، وبدأ يراقب السماء، وانطلق من كتاب بطلميوس: المجسطي، [illegible]، فقام بمراقبة السماء بشغف وأخذ يدوّن ملاحظاته التي غدت فيما بعد مرجعاً مهماً لكبلر وغيره من علماء الفلك، ثم تنقل في أوروبا ليشتري أدوات الرصد ويتعرف إلى المراصد الفلكية وعلماء الفلك هناك.

في السنة نفسها التي حدثت فيها معركة برتلمي الشهيرة بين الكاثوليك والبروتستانت، رصد تايكو عام 1572 نجماً جديداً يلمع في السماء بشدة أعظم من بريق كوكب الزهرة (Venus) جعل العلماء يشكون في النظام الأرسطي للكون وفي ثبات نجوم السماوات وخلودها، وغدت نظرية كوبرنيق في مركزية الشمس تستحوذ على اهتمام العلماء وطرحت في أذهانهم تساؤلات كثيرة، فقال البعض إن عالم ما فوق القمر هو عالم تطاله الفوضى وعدم الكمال كحال عالم الأرض. وهبَّ ملك الدنمارك ليقدم للعالم البارع تايكو جزيرة مستقلة كي يؤسس عليها مرصده الجديد، بعد أن ذاع صيته في أوروبا. فشرع تايكو يصحح في المعطيات الفلكية الموروثة[46].

أدى اكتشاف تايكو عام 1572 نجماً جديداً لم يكن مرئياً من قبل، غير مدون في أي من رصداته الطويلة لقبة السماء ومواقع الكواكب والنجوم عبر سنوات طويلة، وعلى الأرجح أنه كان ناجماً عن انفجار شمس قديمة، والذي يدعى في العلم المعاصر بظاهرة "السوبر نوفا". فلم يعد الكون ثابتاً وخالداً كما ذكر أرسطو، فهناك نجوم تولد وأخرى تموت.

لاحظ تايكو ظهور النجم الجديد في السماء، وتوصل إلى أنه أبعد من القمر بواسطة فكرة الإزاحة البصرية (Parallax)، أي بطريقة تجريبية.

---

(46) Encyclopedia Britannica, vol. 3, p. 103-104.

كما رصد الراصد الفلكي الدنماركي تايكو حركات الشهب ولاحظ اتخاذها مسارات تتقاطع مع حركة الكواكب التي كان يُعتقد أنها دائرية.

إذاً، هناك أجرام سماوية تقترب منا وتبتعد عنا وتتخذ مسارات غير دائرية، فأضافت اكتشافات تايكو مسماراً جديداً في نعش أرسطو، وبخاصة عندما حصل عليها كبلر الذي عمل معه لفترة من الزمن وأكد على مركزية الشمس وعلى لانهائية العالم الذي قال أرسطو إنه محدود بفلك النجوم من جهة وبمركز الأرض من جهة ثانية.

ففضلاً عن رصده لظاهرة السوبرنوفا عام 1572، رصد مسار الشهاب الذي مر بالقرب من الأرض عام 1577 ودوّن مساره بعد القمر، وثبَّت مواقع 777 نجماً، ثم طور نموذج كوبرنيق، حيث افترض أن الكواكب تدور حول الشمس وفي الوقت نفسه تدور حول الأرض الثابتة. وقد كانت جرأة تايكو في نشر هذه المكتشفات التي تعارض آيديولوجيا الكنيسة؛ تعود إلى كون مملكة الدنمارك آنذاك واقعة على تخوم الإمبراطورية الرومانية المقدسة.

وقد كانت هذه الاكتشافات، إلى جانب الرصدات الفلكية التي حصل عليها كبلر فيما بعد؛ القاعدة التي أسست، قوانين كبلر والتي بدورها مهدت الطريق أمام أعمال إسحق نيوتن.

وهكذا جاء عالم الفلك تايكو ولجأ إلى حل وسط لتجاوز التناقضات في كون أرسطو وذلك بعد رصده للسماء

وتدوين ملاحظاته لسنوات عديدة. قال تايكو أن الشمس والقمر يدوران حول الأرض. أما الكواكب الأخرى فتدور حول الشمس[47]، وهكذا، بدأ نظام أرسطو ينهار شيئاً فشيئاً.

عُرِف المجهر الأول والعدسة المفردة في القرن الخامس عشر واستُخدم لدراسة الحشرات، ولكنها تطورت في هولندا في القرن السابع عشر على نحو كبير وعلى يد غاليليو في إيطاليا، ثم قام العالم الهولندي ليوفنهوك (Leeuwenhoek) برصد الحيوانات المنوية[48] (spermatozoa) لأول مرة عام 1686. ثم جاء التطور الأهم في مطلع القرن التاسع عشر على يد العالم الإنجليزي (Lister)، تلاه تطور آخر إبداعي على يد الفيزيائي الألماني (Abbe) في نهاية القرن، فغدا المجهر يعمل بقدرة كبيرة.

وهكذا كانت الإختراعاِت العلمية تتوالى وتعزز أدوات الرصد الفلكي والاكتشاف العلمي، فغدى العلماء أكثر شجاعة في التصريح باكتشافاتهم لوجود أدوات تؤكد نظرياتهم.

---

(47) كون أرسطو يتألف في مركزه من الأرض، وتحيط بالأرض الأفلاك التالية بالترتيب: القمر، عطارد، الزهرة، الشمس، المريخ، المشتري، وزحل. أي أفلاك سبعة، أو سماوات سبعة، تنتهي بفلك النجوم الذي يتألف من 55 فلكاً أو 74 فلكاً تستمد حركتها من الله بنوع من العشق (حركة غائية).

(48) Encyclopedia Britannica, volume 8, p.662.

برونو (G. Bruno)
(1600 - 1548)

برونو ابن رجل عسكري ولد بالقرب من مدينة نابولي الإيطالية، درس الإنسانيات والمنطق، وما لبث أن عشق المذهب الرشدي (نسبة إلى ابن رشد)، فنسبت إليه تهمة الهرطقة في فترة مبكرة. فقد كانت العقلانية الرشدية مصدر خطر لمعتقدات الكنيسة التي ارتكزت إلى ثوابت إيمانية راسخة.

رُسم كاهناً ودرس اللاهوت والفلسفة، ولكنه ما لبث أن امتعض من هذه الدراسات ففر إلى روما؛ بعد أن اطّلع على دراسات إيريان (Arian) وإيرازموس (Erasmus) (1466- 1536) الهولندي الذي أحيا التراث اليوناني واللاتيني الكلاسيكي، ونشر دراساته النقدية لأسفار العهد الجديد؛ التي ترجمها لوثر فيما بعد إلى اللغة الألمانية. ولكن إيرازموس عاد ونقد لوثر كما نقد الحروب الدينية بشدة.

واجه برونو اضطهاداً كبيراً عندما طرح فكرة ضد ألوهية

المسيح، ففر إلى روما عندما شرعت الكنيسة في محاكمته، وهناك اتهم جزافاً بجريمة قتل، ففر إلى جنيف بسويسرا، واعتنق الكلفنية (نسبة إلى المصلح البروتستانتي كلفن).

وعندما اكتشف تعصب البروتستانتية، فر برونو مرة أخرى إلى فرنسا فدرّس الفلسفة هناك بعد أن حصل على حماية الملك الفرنسي، ثم انتقل إلى لندن بتوصية من السفير الفرنسي للملك هنري الثالث، فعمل مدرساً في أكسفورد، وشرع في تدريس النظام الكوبرنيقي لحركة الأرض، وبدأ بنشر أعماله في الفلك والأخلاق. وسعى إلى الفصل بين العلم والدين، ونادى بأن الدين مشروع أخلاقي وحسب. وبذلك هيّأ الناس لقبول أفكار العلماء الجديدة.

أكد برونو نظرية مركزية الشمس الكوبرنيقية وأضاف إليها فكرة لا نهائية العالم، فلم يعد الكون محدوداً، كما قال بتعدد الأكوان أو العوالم.

إذاً، فإن عالمنا لم يعد محدوداً كما يقول أرسطو وتدعي بذلك الكنيسة؛ فهناك عوالم متعددة وتتمركز الشمس وسط عالمنا الخاص بنا.

لقد غدت الكتب الدينية عاجزة عن تفسير العالم، فلندعها جانباً للإيمان ونترك العلم يعمل ليكشف لنا عن أسرار هذا العالم.

اقترح برونو فكرة في غاية الشجاعة والخيال العلمي وإطلاق الفرضيات عندما صرح بفكرته عن تعدد العوالم. فلم

يعد عالمنا هو الوحيد في هذا الكون، ولم يعد عالمنا أفضل العوالم الممكنة التي خلقها الله، إنما انفتح الباب أمام حوار فلسفي لا تحده نهايات على نحو عالم برونو الجديد اللامحدود واللامتناهي، كما انفتح الباب أمام البحث العلمي في هذا العالم اللامتناهي.

نادى برونو بأن الكون يتألف من المادة والصورة معاً، وشرح المذهب الأرسطي بشأن ثنائية الحقيقة (اللاهوت والفلسفة)، من حيث إن الدين مهم لتوجيه سواد الناس الأعظم من الرعاع، على نحو يذكرنا بابن رشد، ونقد الفكر الكلفني المتمثل في الاعتقاد بأن الخلاص يتم بالإيمان، وبحث في العلاقة بين الروح الكونية والروح الإنسانية، على نحو يذكرنا بالفارابي وابن سينا، وأيضاً تذكرنا بالمعرفة الحقة من خلال رؤية ابن خلدون لطبيعة النفس البشرية.

تجوّل برونو في جامعات ألمانيا عارضاً رؤيته في الدين بوصفه مشروعاً أخلاقياً، وأوصله ذلك إلى ضرورة قبول الفكر الآخر؛ كما اشتغل في النظرية الذرية للمادة والإنسان وانتهى إلى التخلي عن الأفكار الدينية تماماً فيما يتعلق بالمادة والحركة والكون. على نحو يذكرنا بمادية الرازي في تراثنا العربي الإسلامي.

عام 1591 توجه عائداً إلى إيطاليا بدعوة مشبوهة من مطران مدينة البندقية، المدينة الأكثر تحرراً في إيطاليا آنذاك، وسعى لشغل كرسي مادة الرياضيات في جامعة بادوفا

(Padua) من دون جدوى، وهو الكرسي الذي حصل عليه غاليليو عام 1592. وعندما فشل في تحقيق مأربه همّ عائداً إلى البندقية، فحكم عليه بالهرطقة في العام نفسه.

حاول برونو الخروج من أزمته بتفسيرات فلسفية، ولكن محاكم التفتيش اعتقلته وسجنته لمدة سبع سنوات، إذ امتدت فترة محاكمته طويلاً فشل خلالها في إقناع المحكمة بعدم تناقض مشروعه مع الدين. وفي النهاية أصر برونو على أن ليس لديه ما يتراجع عنه، فقرر البابا إعدامه، فأجاب:

"لعل خوفكم من إصدار الحكم علي أشد من خوفي أنا عند استقبال الحكم".

فأحرق برونو حياً.

وكان حرقه إلهاماً لفكر القرن السابع عشر والعالم الحر. وأصبح أول شهداء المادية الحديثة في مطلع القرن السابع عشر.

حُرق العالم الإيطالي برونو عام 1600 بفعل سلطة الكنيسة الكاثوليكية التعسفية ومحاكم التفتيش. لقد أعلن حرق برونو عن انتقال الفتوح العلمية إلى غرب أوروبا وشمالها الغربي؛ التي بدأت تزداد ثراءً بفعل اكتشاف أميركا عام 1492، وبفعل هيمنة إنجلترا على البحار بعد معركة الأرمادا الشهيرة عام 1588، حيث سادت البحرية الإنكليزية على البحار وحطمت النفوذ الإسباني الكاثوليكي إلى غير رجعة، وبفعل اشتداد نفوذ الملوك وتضاءَل سلطة الكهنوت المنشق عن كنيسة روما الأم.

جلبرت (Gilbert)

(1544 - 1603)

وليم جلبرت هو عالم إنجليزي أصبح الأكثر شهرة بين العلماء في عهد الملكة إليزابيث الأولى، ملكة بريطانيا. درس الطب ومارس مهنته في لندن بدءاً من عام 1573؛ كتب عمله الرئيس في المغناطيسية وفي الأرض بوصفها مغناطيساً ضخماً، عام 1600، وكان أول من استخدم مصطلحات مثل: الانجذاب الكهربائي، والقوة الكهربائية والقطب المغناطيسي.

نشر أخوه عام 1651 أعماله بعد وفاته بسنين عديدة، بعنوان: "فلسفة جديدة لعالمنا الواقع تحت فلك القمر"، وقد حمل عمله رؤية حديثة عن العالم، واتفق مع كوبرنيق بأن الأرض تدور حول محورها، وانتهى إلى تفسير بعض مشكلات كوبرنيق بشأن ثبات النجوم في قبة السماء بالرغم من دوران الأرض، وعزاها إلى بُعد النجوم وإلى تفاوت بُعد النجوم عن الأرض.

كذلك فسّر جلبرت ثبات الكواكب في مساراتها حول الشمس بقوى مغناطيسية معينة، أي بقوى المجال، التي فتحت آفاق كبلر لاكتشاف قوانينه في حركة الكواكب والعلاقة القائمة فيما بينها.

اكتشِفت المغناطيسية على يد العالم جلبرت عام 1603، فأصبحت البوصلة في خدمة الملاحة تعمل وفق ظاهرة علمية واضحة، فأصبح ممكناً فهم الاضطرابات التي تحدث فيها عندما يتم تقريبها من أجسام مشحونة. وبذلك، غدت أفكاراً مثل السحر والشعوذة والجنيات التي تجذب الأجسام إلى المغناطيس مجرد وهم، فالحديد الممغنط يجذب الأجسام المعدنية إليه بفعل قوة المغناطيسية، وغدت الأرض مغناطيساً ضخماً.

لقد بدأ العلم الحديث يحطم الأوهام التي كانت سائدة، وشرع في تدمير العقل ما قبل علمي الذي هيمن على عقول الناس فترة طويلة من الزمن.

لم تعد هناك أرواح تحرك المغناطيس بل علاقات قوى في المادة نفسها، بل انفتح الباب أمام قوى المجال التي ستفتح آفاقاً هائلة لقوانين كبلر ونيوتن، حيث غدت القوى مؤثرة عن بُعد، ولم تعد القوة ناجمة عن الاصطدام المباشر.

وقد اطّلع فرانسيس بيكون على منهجه في الاكتشاف وكان سعيداً جداً عندما اتضح له أن خطوات جلبرت كانت مطابقة لمنهجه في الاستقراء.

راقب فرانسيس بيكون خطوات اكتشاف جلبرت للمغنطيسية، ووجد أنها خاضعة لمنهج استقرائي خالص، فازداد شعور بيكون بالغبطة، وشرع في التأسيس لمشروع الاستقراء والتجربة بشغف كبير، كما شرع في هدم الأصنام لتحضير عقول الناس لهذا العلم الصاعد، وتحديداً هذه الآلة الجديدة (الاستقراء) التي ترشدنا إلى المعارف والاختراعات، فلا غرابة أننا نجده يهاجم منطق أرسطو الصوري الذي لم يحقق للناس أي منافع عملية.

شهد عام 1608 اختراع التلسكوب فانكشفت أسرار الكون للعين المجردة، وظهرت الكواكب على حقيقتها بوصفها أجراماً مادية فيها الجبال والسهول والأودية بل وانكشفت أقمار المشتري الأربعة، فغدت الأفلاك أو الكواكب أحد عشر وليست سبعة. فأضاف العلماء مسماراً جديداً في نعش عالم أرسطو القائم على سماوات سبع يحيط بها الفلك المحيط.

لم يتمتع برونو بالنظر من خلال التلسكوب صوب العالم اللامتناهي والعوالم المتعددة التي استشرفها بنظره الثاقب. ولكن هذا الإرث سوف ينتقل إلى كبلر ليحقق إنجازات كونية عظيمة إعترف بها غاليليو ويبون وباقي العلماء الذين أتوا من بعده.

كبلر (Kepler)

(1571 - 1630)

ولد كبلر ضعيف البنية عليل الصحة، ولكنه كان شديد الذكاء والفطنة. نشأ في مدينة ألمانية محررة من سلطة الإمبراطورية الرومانية المقدسة، لعائلة بسيطة؛ كان والده جندياً مرتزقاً، محدود الدخل، ولكنه انتفع من مشروع أحد الدوقات الذي كان من أصحاب المشاريع التنويرية، إذ خصص بعثات للطلبة المتفوقين. فقد أصبح المتنورون ينفقون على العلم والعلماء بعد أن حقق العلم إنجازات مهمة وبعد أن أدركوا أنه وسيلة للجاه والثراء والسيطرة.

درس كبلر علم الفلك في الجامعة على أستاذ كان مقتنعاً بمشروع كوبرنيق، وعندما أنهى دراسته الجامعية قرر أن يصبح كاهناً لوثرياً، فشرع في دراسة اللاهوت، ولكن قبل إنهائه السنة الأخيرة قبل عرضاً لتدريس الرياضيات في مدينة جراتس (Graz) بالنمسا. وخلال تدريسه لمعت في ذهنه فكرة ربط حركة الكواكب بالأشكال الهندسية وفكرة الانسجام التام

والكمال في الكون، وهي فكرة إغريقية قديمة، وقادته هذه الأفكار إلى صياغة قوانينه في حركة الكواكب.

أرسل كبلر أعماله إلى تايكو، فأعجب بها ودعاه للعمل معه عام 1600 في مرصده، وعندما مات تايكو تم تعيين كبلر بديلاً له.

شاهد كبلر بأم عينه، في تشرين أول من عام 1604، واقعة سوبرنوفا تحدث في السماء ظلت بادية للعيان لمدة 17 شهراً. وقد ثبت بالاستقراء تكرار هذه الأحداث منذ رصد تايكو نجماً ينفجر عام 1572، فغدت الرصدات التجريبية قانوناً علمياً يؤكد ولادة وفناء نجوم السماء، فلم تعد السماء خالدة ثابتة على حالها إلى الأبد.

كما أسس كبلر لنظرية في الضوء، وأعاد إحياء نظرية ابن الهيثم في رؤية العين، وتحدث بالتفصيل عن طبيعة الرؤيا واستقبال العين للأشعة المنعكسة عن الأجسام. وفسر كذلك آلية عمل العدسات على العين لتحسين الرؤية، وكيف يعمل التلسكوب. ففيما لم يجد ابن الهيثم من يحمل مشروعه الكبير، تلقفت أوروبا الصاعدة مشروع كبلر بكل عناية وتكريم.

وبالرغم من أن غاليليو أهمل أعمال كبلر في البداية، إلا أن نشر كبلر عام 1609 كتابه "علم الفلك الجديد" الذي أوضح فيه أن مسار كوكب المريخ هو إهليليجي (Ellipse)،

أدى إلى اعترافه بأهميته، وكان كبلر أول من أعلن أن باقي الكواكب تشبه الأرض من حيث إنها أجرام مادية، وبما أنها كذلك، فلا يستدعي ذلك أن تتحرك في مسار دائري تام.

وعندما وضع كبلر مخططاً لمسارات الكواكب الاهليليجية بدأت رصدات تايكو تثبت صحة دعواه، فتعانقت الرصدات والملاحظات والمخططات النظرية معاً في جدلية وإنسجام تاريخيين.

ونلاحظ هنا كيف كانت الفلسفة الطبيعية تعمل في ذهن كبلر، فالمنطق الصوري والعلم الرياضي والفيزياء والملاحظة والتجربة والإحصاء والحدس؛ كلها اجتمعت للوصول إلى اكتشافات مذهلة؛ نسفت منظومة أرسطو الكونية، ونسفت معها الأوهام التي صاحبت العقل البشري لمئات، بل ألوف السنين.

بعد هذه الاكتشافات الهدامة لأيديولوجيا الإمبراطورية الرومانية المقدسة، اضطر كبلر لمغادرة براغ هارباً من الاضطهاد، فذهب إلى لينز (Linz) في النمسا، حيث أعاد إحياء أعمال أرخميدس في حجوم السوائل.

وفي أثناء تحقيق إنجازاته المذهلة، سمع بأن والدته قد تم وسمها بالساحرة، الأمر الذي سيعرضها للتعذيب ومن ثم الحرق إذا تمت إدانتها، وبالتالي فإنه سيتم سحب لقبه بوصفه كبير رياضيي الإمبراطورية الرومانية المقدسة. لذلك هرع لحل

هذه الأزمة واستخدم الحيلة والذكاء للخروج منها هو وأمه سالماً معافى.

نشر كبلر الرياضي والفلكي المشهور إثنين من قوانينه عام 1609، ونشر الثالث عام 1619، بعد أن اشترى ملاحظات تايكو بعد وفاته من ورثته. أثبت كبلر أن مسارات الكواكب إهليلجية وليست دائرية، وأن مساراتها تمسح مساحات متساوية في أزمنة متساوية، وأن هناك علاقة تناسب طردية بين مربع الزمن الدوري للكوكب ومتوسط بعده عن الشمس مرفوع للقوة الثالثة. فلم تعد هناك حركات غائية، بل حركة ذاتية للمادة بفعل ظروف طبيعية محضة.

ويأتي كبلر ليكتشف قوانينه الثلاثة الشهيرة بين عامي 1609 - 1619 في حركة الكواكب الإهليليجية والقوى المؤثرة عليها، وتَساوي المساحات التي تغطيها الكواكب خلال دورانها حول الشمس في أزمان متساوية، فغدت حركة الأجرام السماوية "ضرورية" تحكمها قوانين طبيعية صارمة؛ لها علاقة بكتلة الكواكب والمسافة فيما بينها، فلم تدع هذه القوانين مجالاً للشك بحركة المادة بفعل قوى موضوعية مؤثرة عليها؛ في معزل عن العلة الغائية التي كانت تحرك الأجسام الأرضية والأجسام السماوية على حد سواء. كما اكتشف كبلر مدارات الكواكب الأهليلجية، فلم تعد الحركة السماوية

دائرية الشكل، ولم يبق شيء يُذكر من نظام أرسطو الفلكي سوى الكون والفساد.

وهكذا نستطيع فهم فلسفة بيكون عندما حدثنا عن دور الله في الكون واقتصاره على عملية الخلق ووضع القوانين فيه، ثم باتت أجزاء الكون المتنوعة تعمل وحدها وفق قوانين طبيعية ورياضية صارمة.

جون نابيير (Napier)
(1550 - 1617)

رياضي سكوتلاندي اكتشف اللوغريثمات ليزود الرياضيات والعلم بأداة سارعت في حل المشكلات الرياضية، وبخاصة تلك المتعلقة بالعمليات الفلكية؛ فتسلحت العلوم بأدوات رياضية أكثر تطوراً لحل الحركات الكونية ودراسة العلائق التي تقوم فيما بينها.

دخل نابيير الجامعة وعمره 13 عاماً، وخرج من دون أن يحصل على شهادة. ثم سعى فيما بعد لاختراع أدوات حربية للدفاع عن بلاده، منها مرايا لتركيز أشعة الشمس ومدفع وأسلحة صغيرة أخرى.

كان يقضي أوقات فراغه بدراسة الرياضيات لتسريع العمليات الحسابية واختصار الوقت والجهد معاً، فاكتشف اللوغريتمات نحو عام 1594 ووضع الجداول لها. فتم تبسيط العمليات الحسابية، بخاصة عمليات الضرب، كتلك الحسابات الضرورية لعلم الفلك، كما وضع مساهمات مهمة

في علم المثلثات الكروي (Spherical Trigonometry)، فتم خفض عدد المعادلات الضرورية للتعبير عن بعض العلاقات من عشرة معادلات إلى اثنتين؛ لقد سّهلت تلك الاكتشافات أعمال علماء الفلك في سبر أغوار الكون على نحو متسارع.

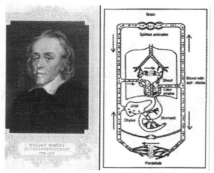

وليم هارفي (Harvey)

(1578 - 1657)

ولد الطبيب الشهير وليم هارفي في مقاطعة كِنْت الإنجليزية لوالد ميسور الحال، درس في كامبريدج الطب ثم التحق بجامعة بادوفا (Padova-Padua)، بالقرب من البندقية التي كانت مركزاً مهماً للاتصال مع الشرق العربي الإسلامي. أمضى هارفي 28 شهراً في بادوفا لمتابعة دراسة الطب هناك، والتي كانت أفضل الجامعات في الطب في أوروبا آنذاك.

كان أستاذه من أصحاب المذهب الذري الديمقريطسي ومهد الطريق أمامه لاكتشاف وظيفة القلب بوصفه مضخة الدم، كما اكتشف أن الدم الذي يمر فيه ليس مخلوطاً مع الهواء كما كان يُظن منذ أيام أرسطو؛ فأنجز مشروعه الكبير وأصبح طبيباً للبلاط الملكي، وطبيباً خاصاً للملك شارل الذي دعم أبحاثه الطبية إلى أن أعدمه كرومويل خلال الثورة الإنجليزية التي بدأت عام 1642.

استخدم هارفي المنهج التجريبي الذي أسسه فرانسيس

بيكون، فكان يسجل ملاحظاته خلال معاينة مرضاه، فضلاً عن تشريحه أعداداً كبيرة من الكائنات الحية، وأعمل عقله في تلك الملاحظات وخرج بنظريته الشهيرة حول عمل القلب التي نشرها عام 1628، أي بعد وفاة بيكون بسنتين.

وقد هاجم الكثيرون اكتشافه الجديد، وبخاصة العالم الفرنسي الذري النزعة جان ريولان (J. Riolan)، ورد هارفي على انتقاداته وضدها في كتاب صغير نشره عام 1649.

بناءً على طلب الملك شارل، رافق هارفي بعثة دبلوماسية إلى ألمانيا، وقضى نحو عشرة أشهر يتنقل في المناطق التي دمرتها حرب الثلاثين عاماً، فزار فيينا وبراغ والبندقية وروما ونابولي، وعندما عاد إلى إنجلترا شرع في أبحاث معمقة عن التناسل عند الحيوانات.

وبالرغم من تأثره بأرسطو، شرع في نقد أستاذه، وأخذ يركز على فكرة أن جنين الدجاجة يوجد في البيضة، ورفض فكرة أرسطو وطرح فكرة التلقيح بالحيوانات المنوية. لسؤ حظ هارفي لم تكن الميكروسكوبات متطورة آنذاك لتحقيق حلمه في رؤية الحيوانات المنوية، فتحقق حلمه ذاك بعد موته على يد العالم الهولندي ليوفنهوك (Leeuwenhoek) عام 1686، فأصبحت ولادة الإنسان ظاهرة طبيعية شأنها شأن الظواهر الطبيعية الأخرى.

شهد عام 1628 اكتشاف وليم هارفي للدورة الدموية

الكبرى، وعلى الأرجح أن بيكون علم بذلك الاكتشاف قبل ذلك التاريخ، وقبل وفاته عام 1626، وسبب ترجيحنا أن بيكون كان على معرفة باكتشاف هارفي هو: أن الأخير كان طبيب بيكون وعلى اتصال مباشر معه.

وربما كانت علاقة بيكون الخاصة مع هارفي مرتبطة بموته، إذ توفي بيكون إثر محاولات تجميد دجاجة لدراسة التطورات التي تحدث فيها بفعل تدني درجة الحرارة. فلم يكن قياس درجات الحرارة معروفاً بعد في بداية القرن السابع عشر. والاشتغال على تجميد الدجاجة يذكرنا باشتغال هارفي بتكاثر الدجاج، واكتشافه أن البيضة هي جنين الدجاجة واقتراحه مسألة التلقيح لتكوّن الجنين.

إن تلقّي هارفي علومه في جامعة بادوفا الواقعة بجوار البندقية؛ والتي تأسست عام 1222؛ دليل على الاتصال الوثيق مع الشرق العربي الإسلامي حول البحر الأبيض المتوسط. لذا لابد أنه كان على علم بأعمال ابن سينا الطبيب والفيلسوف؛ الذي توفي عام 1037، وأيضاً بإنجاز ابن النفيس مكتشف الدورة الدموية الصغرى؛ الذي توفي في نهايات القرن الثالث عشر، وغيرهما. ولن نغفل عن الإشارة إلى قرب جامعة بادوفا من جامعة ساليرنو المجاورة لمدينة نابولي، المركز التجاري المهم على البحر المتوسط، والتي أسس للترجمة فيها قسطنطين القرطاجي (ت 1087) في دير

مونت كاسينو، وترجم هناك أهم كتب الطب والتشريح من العربية إلى اللاتينية[49].

فقد وصلت جامعة ساليرنو أوجها المعرفي في العلوم الطبية بين القرنين العاشر والثالث عشر، ولم تؤسَّس كليتي الفنون والحقوق فيها إلا في مطلع القرن الخامس عشر. ونستذكر هنا صلاح الدين الأيوبي عندما أرسل طبيبه الخاص لمعالجة ملك القدس قبيل فتح المدينة المقدسة، أي أن العلوم الطبية عند العرب كانت مزدهرة في نهاية القرن الثاني عشر ثم انتقلت إلى أوروبا، فلا عجب أن نرى جامعتي بادوفا في إيطاليا ومونبلييه في فرنسا تتأسستا نحو عام 1222.

ولكن، هل هناك تأثير قوي لابن سينا على اكتشاف هارفي؟

رأى ابن سينا أن ارتباط الجسم بالنفس هو ارتباط وثيق، فالنفس منذ نشأتها تواقة إلى الجسم، بل هي مخلوقة من أجله. ولكن أين يكمن سر ارتباط هذه العلاقة بينهما؟

فسّر ابن سينا هذا الارتباط على نحو ما قبل علمي، فلجأ إلى فكرة تجاويف الدماغ حيث تتموضع قوى النفس المختلفة (الحس المشترك، المصوّرة، المخيلة، الوهم،

---

(49) موسوعة العلوم الإسلامية والعلماء المسلمين، لا ط، القاهرة: دار مطابع المستقبل، لا ت، ص 34.

121

الحافظة) وهي أفكار ربما جاءَته بتأثير من رجال القرن الرابع الميلادي [50].

كما رأى ابن سينا، بتأثير من أرسطو أن القلب هو مكان التقاء الروحي بالمادي والعقلي بالجسمي، فالدماغ يحتاج إلى الحرارة التي يبثها القلب إليه عبر الدم. وبذلك تراجع عن تفسير جالينوس الطبيب الذي رأى أن الرأس هو الذي يهيمن على الحياة العقلية كلها. ونحن نجد تأثير ابن سينا في فلاسفة العرب المتأخرين بأنّ العقل هو "قوة أودعها الله في القلب ولها شعاع متصل بالدماغ" [51]. وهناك محاولات عربية معاصرة لإحياء هذه الطروحات التي تعود إلى ما قبل الفكر العلمي الحديث.

وقد اكتفى الفلاسفة اللاحقون بترديد تفسير ابن سينا بشأن نقطة الاتصال بين النفس والجسم، حيث اعتبر ابن سينا أن الروح الحيواني هي نقطة الاتصال بينهما. ونلاحظ كيف فسّر ديكارت انفعالات النفس قبيل وفاته باستخدام فكرة الأرواح الحيوانية وحركتها. فالخوف عند ديكارت ناجم عن فعل الأرواح الحيوانية الموجودة في الغدة الصنوبرية. وأثر

---

(50) إبراهيم مدكور، في الفلسفة الإسلامية، [ط1]، القاهرة: دار إحياء الكتب العربية، 1947، ص 216.

(51) م. ن، ص 218.

ابن سينا عليه واضحاً. ولكن، لا شك في أن اكتشافات هارفي كانت أكثر علمية ودقة وقامت على منهج تجريبي على عكس منهج ابن سينا.

يعتبر وليم هارفي ووليم جلبرت - الذي اكتشف المغناطيسية - مؤسسا العلم التجريبي على النحو العلمي الدقيق الذي نعرفه اليوم. ولا شك أن أعمال ابن سينا كانت مرجعاً لهارفي؛ ولكن المنهج العلمي الدقيق الذي استخدمه هارفي بعيداً عن العوالق الميتافيزيقية ساهمت في تجاوزه لابن سينا، والكشف عن وظيفة القلب على النحو الذي يعرفه العلم الحديث.

توفي الفنان الكبير مايكل أنجلو عام 1564؛ معلناً في العام نفسه ولادة عالم كبير هو غاليليو (Galileo)، والذي صادف عام وفاته 1642 ولادة العالم الإنجليزي إسحق نيوتن؛ معلناً انتقال المراكز العلمية إلى غرب وشمال أوروبا؛ بعيداً عن البحر المتوسط الذي كانت تنشط فيه محاكم التفتيش في ظل حكم الكنيسة الكاثوليكية.

لقد بدأ نجم البحر الأبيض المتوسط والدول الأوروبية الواقعة على شطئانه في الأفول، وبات ثرائه يتراجع منذ اكتشاف العالم الجديد عام 1492؛ والذي كان أقرب جغرافياً لدول أوروبا الواقعة على المحيط الأطلسي؛ إثر هزيمة إسبانيا الكاثوليكية في معركة الأرمادا عام 1588

وانتقال السيادة البحرية إلى بريطانيا، وأصبح العالم الجديد ساحة للاستعمار تتنافس عليه بريطانيا وفرنسا وإسبانيا والبرتغال، وهي الدول الواقعة على جهة المحيط الأطلسي المقابلة للأمريكيتين.

غاليليو (Galileo)
(1642 - 1564)

ولد غاليليو في مدينة بيزا بإيطاليا لوالد موسيقي، درس الطب، ولاحظ في سن مبكرة حركة البندول من خلال مراقبة الفوانيس المعلقة وهي تتأرجح، ولاحظ بنظرته الثاقبة أنّ زمن رقصة البندول واحدٌ؛ مهما اتسع التأرجح وطال البندول أو قصر، فاقترح لاحقاً استخدام هذه الظاهرة لتنظيم الوقت في صناعة الساعات.

شرع غاليليو قبل محاولته اتمام دراسة الطب في تعلم الرياضيات والهندسة، ولكنه ما لبث أن ترك الجامعة قبل الحصول على الشهادة لنقص في تمويل بعثته، فذهب إلى فلورنسا وشرع في التدريس.

نشر عام 1586 رسالة يشرح فيها الإتزان الهيدروستاتيكي، أي إتزان عمود السوائل المتصلة في الأنبوب المنحني نفسه، فاكتسب بذلك شهرة واسعة. وعندما نشر أطروحته عن مركز ثقل الأجسام عام 1589 نال كرسي أستاذ الرياضيات في جامعة بيزا.

انطلق غاليليو لدراسة قوانين الحركة بدءَاً من نقد فيزياء أرسطو حول اختلاف سرعة سقوط الأجسام المختلفة في الوزن، وأثبت نظرياً عام 1604 أن الأجسام الساقطة سقوطاً حراً تخضع لقانون حركة التسارع المنتظم، كما وضع قانون حركة المقذوفات في قطوع مكافئة.

تثبت رسالة بعث بها غاليليو إلى كبلر عام 1597 بأنه كان متردداً في إعلان اتفاقه مع كوبرنيق في نظريته؛ حول مركزية الشمس في الكون خوفاً من الاضطهاد والتسفيه. وعندما علم باختراع التلسكوب عام 1608 في هولندا، قام ببناء مقراب مُطوّر ضاعف مدى الرؤيا 32 مرة، فأصبح اختراعه محط اهتمام أوروبا كلها.

بدأت نتائج مراقبة غاليليو للسماء تظهر تباعاً، فوصف سطح القمر المتعرج، وشاهد نجوم مجرة درب التبانة وحلقات كوكب زحل وأقمار المشتري الأربعة، وأطلق على إثنين اسميهما: سيديرا (Sidera) وميديسيا (Medicea)، كما لاحظ بقعاً على سطح الشمس ولكنه لم يستطع تفسير هذه الظاهرة. ونشر اكتشافاته هذه عام 1610.

وهكذا أصبح لدينا أربعة أقمار للمشتري، وهي أجرام جديدة في منطقة الأفلاك فازداد عدد الأفلاك التي حددها أرسطو، الأمر الذي جعل كون أرسطو عاجزاً عن تفسير

ذلك، كما خلق مشكلة للفكر الديني حيث كان الرقم 7 رقماً
مقدساً[52].

إثر هذه الاكتشافات الكبيرة، قام مجلس شيوخ مدينة
البندقية بترشيحه لمنصب أستاذية في جامعة بادوفا؛ مكافأة له
على اكتشافاته عبر التلسكوب، ولكنه آثر منصب الفيلسوف
والرياضي الأول لدى دوق تسكاني (Tuscany)؛ المنصب
الذي مكّنه من تسخير وقت أكثر للبحث العلمي.

حاول أنصار الأرسطية من الأساتذة الكبار محاربة غاليليو
خوفاً على مناصبهم وشهرتهم، فشرعوا في الكشف عن
تناقض مواقفه الكوبرنيقية مع "النصوص المقدسة"، الأمر
الذي عجّل من دعوته للتحقيق معه.

سارع غاليليو إلى الإتصال بأصحاب النفوذ في الكنيسة
لتذكيرهم بمرونة النصوص الدينية ومجازيتها (كما كان يُعلِّم
المذهب الرشدي) بحيث يمكنها أن تنسجم بالتأويل مع
المكتشفات العلمية الحديثة؛ التي غدت سمة العصر وينبغي
التعامل معها، ولكن من غير جدوى، فلم تدرك الكنيسة
ثورية النظريات العلمية الحديثة، وخافت أن تضعف تناقضات
العلم مع الكتاب المقدس من قوة الكاثوليك في صراعهم مع

---

(52) المقصود برقم 7، الكواكب الخمسة المعروفة بالإضافة إلى الشمس
والقمر، وهي سبعة أفلاك تقع الأرض في مركزها.

البروتستانت آنذاك. فعمدوا في عام 1616 إلى اعتبار نظرية كوبرنيق خاطئة وحذرت غاليليو من مغبة اعتناق ذلك المذهب أو الدفاع عنه، وتم التحقيق معه وأُخذت عليه تعهدات سيتم استخدامها فيما بعد لمحاكمته.

اعتكف غاليليو لسنين سبع في منزله متقاعداً، ولكنه في عام 1623 رد على مقالة عن طبيعة الشهب كان يرمي منها كاتبها غراسي (Grassi) نقد غاليليو، فرد غاليليو باحثاً في الواقع الطبيعي والمنهج العلمي، وميّز فيها بين الصفات الرئيسة والصفات الثانوية للأشياء[53]، وذكر في رسالته تلك مقولته المشهورة "إن كتاب الطبيعة مكتوب بلغة الرياضيات".

ذهب غاليليو إلى روما عام 1624 آملاً أن يتغير موقف البابوية، ولكنهم ظلوا على موقفهم، إنما سمحوا له بكتابة بحثه الجديد عن الفرق بين النظامين البطلمي والكوبرنيقي بشرط أن لا يلزم نفسه بأي منهما وألا يناصر أحدهما، كما اشترطوا أن يُنهي الكتاب بنتيجة مسبقة؛ مفادها أن الإنسان لا يمكن أن يدّعي المعرفة بكيف صُنع العالم؛ لأن الله - بقدرته اللامتناهية - كان بإمكانه خلق العالم بطرق يصعب على الإنسان تخيلها، وأنه لا يستطيع الإنسان تحديد قدرة الإله وإمكاناته لأنه القادر على كل شيء.

---

(53) صفات الشيء الأساسية تظل موجودة في الجسم أما الصفات الثانوية هي التي تتغير، كاللون والرائحة.

كتب غاليليو كتابه ونشره عام 1632 بعد مراجعة مراقبي الكنيسة له، فاستقبل بالحفاوة والمديح في أوروبا كلها بوصفه قطعة أدبية وفلسفية نادرة. ولكن الكنيسة كانت له بالمرصاد!

تم إخبار البابا بأنه رغم التزام غاليليو بالاتفاق؛ بيد أنه يمكن الاستدلال من النص أنه قد دعم نظرية كوبرنيق. واعتبر اليسوعيّون أن بإمكان كتاب غاليليو أن يوقع من الآثار الهدامة على النظام التعليمي أكثر سوءاً من المصلحين لوثر وكلفن معاً، فكان رد فعل البابا غاضباً جداً، فأمر بمحاكمة غاليليو.

ولكن، ولاعتبارات كثيرة، منها شهرة غاليليو آنذاك، واتساع دائرة معارفه، وأيضاً لكون الكتاب كان مرخصاً قبل نشره، فلم يستطيعوا سوى منع الكتاب أو سحب رخصته، لذلك قاموا بمحاكمته بتهمة الهرطقة بعد اختلاق أدلة سابقة تدينه.

أُجبر غاليليو، بالرغم من مرضه وتقدم عمره الذي اقترب من السبعين عاماً، إلى السفر إلى روما عام 1633 لحضور المحاكمة، وتم التحقيق معه وصدر قرار بوصفه مذنباً لإعتناق مذهب كوبرنيق وتعليمه، وطالبوه بالتنكر له.

ردد غاليليو أمام المحكمة شعارات تُعبّر عن الندم بناءً على طلب المحكمة، فاقتصرت المحكمة في عقابه على الحكم عليه بالإقامة الجبرية في بيته وإنعزاله عن الناس، وظل كذلك في السنوات الثماني الأخيرة من حياته.

كتب غاليليو خلال سنوات إقامته الجبرية أهم أعماله، في عام 1634، وهو حوار حول علمين جديدين، ووضع تأملاته الناضجة في مبادئ الميكانيكا، التي نشرت عام 1638. كذلك كتب آخر اكتشافاته التلسكوبية حول بعض خواص القمر قبيل فقدانه البصر.

ولكن عبقريته لم تخبُ بعد، فتابع نشاطه العلمي بشغف وهو أعمى وربط اكتشافه خواص البندول بتطبيقاته لتنظيم عمل الساعات التي طبقها فعلياً العالم الهولندي هويجنز (54) (Huygens) في صناعة الساعات، كما أملى على تلاميذه، ومنهم تورشيللي، أفكاره حول نظرية الاصطدام Impact) (theory في أيامه الأخيرة التي وضع هويجنز قواعدها بالتفصيل فيما بعد.

وبالرغم من عبقرية غاليليو وانجازاته العديدة فقد أهمل اكتشافات كبلر، وظن أن مدارات الكواكب لابد أن تكون دائرية كي يظل النظام الفلكي تاماً.

لقد جمع غاليليو بين الرياضيات والفيزياء لاكتشاف قوانين الطبيعة، ووضع قوانين ضرورية بلغة الرياضيات لتفسير العالم الطبيعي في السقوط الحر، وحركة الجسم وسكونه

---

(54) اكتشف هويجنز قانون حفظ الزخم الخطي Linear Momentum، الذي أضاء سماء الميكانيكا وأسس قواعد قوانين نيوتن؛ وفي الضوء أسس هويجنز النظرية الجسيمية في الضوء.

على السطوح المائلة ومسار القذائف، وحالات الأجسام العائمة في الماء، ونظريات في حفظ السوائل واتزانها، فضلاً عن أعماله في البندول والتلسكوب والميكروسكوب وغيرها.

اخترع غاليليو ميزان حرارة هوائي في شكله البدائي، ثم طوّر مقياساً للحرارة يعمل بالماء عام 1593، وصاغ قوانين الحركة في المقذوفات على هيئة قطوع مكافئة، وأسس قانون السقوط الحر بعد أن افترض وجود الخلاء، وبنى قانونه المهم في القصور الذاتي؛ الذي فسّر انسجام المشاهدات في الطبيعة؛ بالرغم من دوران الأرض حول نفسها وحول الشمس. فالخلاء غدا منسجماً مع قوانينه وضرورياً لها، أصبحت الحركة تستمر إلى ما لا نهاية في الخلاء وبسرعة منتظمة؛ إذا لم تؤثر عليها قوة تغير من مسارها أو تحدث تباطئاً أو تسارعاً فيها. وهو قانون نيوتن الأول.

كان جوهر فيزياء غاليليو مفهوم القصور الذاتي. إذ بَيّن غاليليو أنّ حالة السّكون لا تختلف، من حيث الجوهر، عن حالة الحركة بسرعة منتظمة. وعلى هذا الأساس اكتشف غاليليو قوانين السّقوط الحرّ، وأثبت بطلان قانون أرسطو، وأثبت أنّ القذائف تتحرّك في قطوع مكافئة (Parabolas)، إذا أهملنا مقاومة الهواء. وجاء ذلك تأكيداً لمبدأ القصور الذاتي.

وبهذه الطّريقة برَّر غاليليو حركة الأرض حول نفسها، وحول الشّمس، وانسجامها مع المشاهدات الطّبيعيّة من حولنا؛ إذ لا يمكننا تفسير دوران الأرض حول الشّمس،

وثبات المشاهدات الطّبيعيّة من حولنا، بمعزل عن قانون القصور الذاتي. فمن دون فعاليّة قانون القصور الذاتي ودقّته، نتوقّع نتيجة قذفنا كرة عموديّاً إلى أعلى، أن تسقط بعيداً عن موقع القذف، وذلك بفعل دوراننا مع الأرض بسرعة عظيمة.

كما بَيّن غاليليو أنّ السّرعة المنتظمة في خطّ مستقيم ليست في حاجة إلى قوّة مؤثّرة كي تستمر، فالقوّة ترتبط مع الحركة المتسارعة أو المتباطئة فقط.

ويكمن المغزى لهذه الاكتشافات في المنهجيّة الجديدة، أي المنهجيّة العلميّة التّي اتّبعها غاليليو، والتّي تختلف في مفاصلها الرئيسة عن منهجيّات من سلفه. ونستطيع القول إنّنا انتقلنا من إشكاليّة الفلسفة الطّبيعيّة إلى إشكاليّة علم الطّبيعة. لقد فتح غاليليو قارة الفيزياء الحديث على نحو ما فتح الإغريق قارة الرياضيات قبل الميلاد.

لقد استثمر غاليليو معارف عصره لإشادة فيزياء جديدة ستهدم فيزياء أرسطو، التي سيطرت على العقول لألفي عام، إلى غير رجعة، وبذلك يكون قد أسس براديم (Paradigm) جديد في العلم الحديث وأحدث ثورة غاليلية في الفيزياء ما زالت أساس العلم الحديث إلى يومنا هذا.

اخترع تورشللي (Torricelli) (1608-1647)، تلميذ غاليلو، مقياس الضغط الجوي عام 1654 وعندها أصبح إثبات مقاومة الهواء للإجسام الساقطة ممكناً، حيث غدا بالإمكان تفريغ الهواء من حيز محكم الإغلاق وإجراء تجارب

لتثبت أن سقوط ريشة وجسم ثقيل في الوقت نفسه سيؤدي إلى وصول الاثنين معاً إلى قاع الوعاء في الوقت نفسه أيضاً.

كان ذلك العصر عصر الاكتشافات والاختراعات، فقد اكتشف ديكارت الأُس الجبري والهندسة التحليلية، كذلك اخترع جوريك (Guericke) (ت 1686) مضخة الهواء، واكتشف بويل (Boyle) (ت 1691) قوانين الغازات[55] واكتشف ليبنتز (Lieniz) (ت 1716) مع نيوتن (ت 1727)[56]، التفاضل والتكامل، واكتشف جون نابيير (ت 1617) اللوغارثمات، فازدادت الأدوات العلمية النظرية رقياً وتقدماً، ومهّدت لوضع قوانين دقيقة للعالم الطبيعي تحكم نشاطاته كلها.

روبرت بويل، فيلسوف الطبيعة والكيميائي المشهور، استخدم فكرة الصفات الرئيسة والصفات الثانوية، وشمل في الصفات الثانوية اللون والصوت والطعم والرائحة والحرارة والبرودة، كما تشعر بها الحواس، وذلك لتنظيم أعماله البحثية في علوم الطبيعة. وهي فكرة ديكارتية في

---

(55) لكمية ثابتة من الغاز عند حرارة معينة، يتناسب الضغط تناسباً عكسياً مع الحجم. بمعنى أن الضغط يزيد عندما ينقص الحجم، والعكس صحيح.

(56) مع نيوتن، يمكننا القول إن مفهوم الكتلة أخذ معناه الحديث، ولذلك يصح استخدامنا للثقل لما يقابله في العالم القديم عند الحديث عن نقل الأجسام.

الأساس[57]، اشتغل عليها غاليليو وغيره فيما بعد؛ وهكذا نرى كيف تعمل الفلسفة جنباً إلى جنب مع العلم لتتجاوز الإشكاليات الموجودة؛ للوصول إلى نماذج معرفية أرقى باستخدام أدوات قياس وتجربة أحدث فأحدث.

---

(57) G. Berkely, *Three Dialogues between Hylas and Philonous;* edited by: R. Adams 1st edition: USA, 1979, P. xii.

نيوتن (1642 - 1727)

ولد إسحق نيوتن لوالد فلاح، لم يكن أداؤه جيداً في المدرسة، إنما برع في صناعة طائرات الورق ومراوح الهواء وساعات شمسية تقرأ الوقت بالظل. عند سن 18 عاماً انتقل لدراسة الرياضيات في جامعة كمبريدج، وما لبثت أن أُغلقت الجامعة لانتشار مرض الطاعون، فأكمل دراسته في البيت.

عمل في أكثر من وظيفة عادية قبل أن يصبح مشهوراً وأستاذاً للرياضيات في جامعة كامبريدج؛ فقد اشتغل نيوتن في تحديث العملة الإنجليزية آنذاك، أي أنه كان مضطلعاً على خلط المعادن، كما فعل بيكون من قبل، وأصبح عضواً في البرلمان الإنجليزي لدورتين، ثم غدا رئيساً للجمعية العلمية الملكية عام 1703، وحافظ على منصبه ذاك حتى وفاته.

أنعمت عليه الملكة بلقب فارس عام 1705. وهو مدفون اليوم في كاثدرائية وستمنستر الواقعة على مقربة من البرلمان وساعة بغ بن ونهر التايمز في وسط لندن.

نشر كتابه المشهور "المبادئ" (Principia) عام 1687، ثم كتابه في الضوء (Opticks) عام 1704؛ اكتشف نيوتن أيضاً ألوان الطيف بمرور الضوء عبر منشور زجاجي (Prism)، واستمر في عمله حتى بنى أول تلسكوب عاكس (Reflecting Telescope)، عام 1668.

ينبغي ألا يُظن أن عقل نيوتن كان علمياً تماماً، بالرغم من الاكتشافات العظيمة التي أصابها، فقد ظلت تشوبه نزعات فيثاغورية. فقد افترض نيوتن وجود الأثير واعتقد أنه عضو الحس عند الله، على نحو شبيه بما كان الفيثاغوريون يعتقدون أن العالم كله حي وأنه مخلوق يتنفس، فقد كان الإلهي والحي والخالد مفاهيم متلازمة عند الإغريق.

وموقف نيوتن ليس بعيداً عن نظرة غاليليو اللاعلمية أحياناً، فقد ظن غاليليو أن الشهب مجرد وهم.

ظن العلماء أن قوانين غاليليو في الحركة الأرضية مختلفة عن قوانين كبلر في حركة الكواكب حول الشمس وحركة الأقمار حول الكواكب، فالأولى قوانين تتخصص في الحركات الأرضية فيما تتخصص الثانية في الحركات السماوية. جاء نيوتن ليربط بينهما وليؤكد "أن القوة المسؤولة عن الحركة الإهليليجية الكبلرية للكواكب هي ذاتها المسؤولة عن سقوط الأجسام وحركة القذائف على سطح

الأرض"[58]. فالقوتان هما قوة واحدة، هي قوة الجاذبية التي تفعل فعلها وتترك أثرها على الأجسام السماوية تماماً كما تترك أثرها على الأجسام على الأرض؛ فأصدر قانونه الضروري والشامل الذي ينطبق على سائر أرجاء الكون الفسيح.

وقانون نيوتن الأول هو قانون القصور الذاتي الذي اكتشفه غاليليو، أما قانونه الثاني فهو في السببية: لكل فعل رد فعل مساوٍ له في القوة ومعاكس له في الاتجاه. وقانونه الثالث في الجاذبية.

الذي يتمثل في الصيغة التالية:-

تتناسب قوة الجاذبية بين جسمين طردياً مع حاصل ضرب كتلتيهما وعكسياً مع مربع المسافة بينهما. فإذا كانت كتلة الأول (M1) وكتلة الثاني (M2)، والمسافة بينهما (r)، فإن قوة الجاذبية بينهما هي $\frac{M_1 x M_2}{r^2}$

فمع قانون نيوتن في الجاذبية أصبح العالم كله يخضع للقوانين ذاتها، ولم يعد هناك عالم ما تحت القمر وعالم آخر يقع ما فوق القمر، ولم تعد الأفلاك أجساماً حيّة خالدة، ولم تعد أرواحاً وآلهة تغضب حيناً وتبتهج تارة أخرى. فهذا

---

(58) هشام غصيب، الأعمال الكاملة، ط1، عمّان: دار ورد، 2007، ج2، ص 176.

المد والجزر يتحرك بفعل جاذبية القمر، وتلك المذنبات قد غدا التنبؤ بظهورها ومساراتها ممكناً، وباتت حركة الأجرام تخضع لقانون ضروري لا مندوحة عنه، بل أصبح التنبؤ بوجود أجرام سماوية غير مرئية ممكناً.

فبفعل ملاحظة انحرافات في كوكب أورانوس، على سبيل المثال، تم التنبؤ بوجود كوكب آخر يؤثر عليه بقوة الجاذبية، فتم بدقة كبيرة تحديد كتلته وبعده عن كوكب أورانوس الذي اكتشفه عام 1781 العالم الإنجليزي وليم هيرشل.

وفي عام 1846 تم رصد الكوكب الأزرق نبتون من قبل العالم الألماني يوهان غالي، بالطريقة نفسها، وتوالت الاكتشافات فيما بعد، واكتشفت كواكب عديدة قزمية تقع في مدارات حول شمسنا ذاتها.

فالعلم سلسلة مترابطة من الاكتشافات والإبداعات النظرية والتطبيقية المتداخلة؛ لم يكن نيوتن ليتوصل إلى قوانينه الكونية لولا جهود من سبقه، وبخاصة أعمال ديكارت وقوى المجال مع جلبرت، وقوانين حركة الكواكب مع كبلر، وقوانين حركة الأجسام مع غاليليو وهويجنز وغيرهما.

وهكذا تهيأت الظروف الموضوعية، المادية والاجتماعية والسياسية، لفتوح علمية جديدة. كانت الظروف العلمية ناضجة بالاكتشافات العلمية النظرية والعملية، وتطور الرياضيات واكتشاف التفاضل والتكامل ومن قبلها

اللوغارثمات، فأصبحت الأدوات الرياضية قادرة - إلى جانب قدرات العقل الفذة اللامحدودة - أن تجترح فتوحاً علمية في ظروف اجتماعية ودينية مناسبة، وفي ظل صعود البرجوازية وطموحاتها اللامحدودة، وفي ظروف سياسية معتدلة؛ بعيداً عن سطوة الكنيسة ورجال الكهنوت، وبخاصة في ظل حركات الإصلاح الديني التي بدأت مع بداية القرن السادس عشر، والتي ظهرت إرهاصاتها في الحركات الإنسانية مع إيرازموس وتوماس مور، وفي ظل التجرؤ على نقد الفهم التقليدي للدين؛ الذي فتح المجال أمام تحدي السلطة الدينية التقليدية والتمرد عليها.

الفصل الثالث

الفلسفة الأوروبيّة الحديثة

فرانسيس بيكون
(1626–1561)

فرانسيس بيكون، فيلسوف إنجليزي موسوعي واضع العلم الاستقرائي في العصرالحديث الّذي يقوم على الملاحظة والتّجربة، وهو من روّاد حركة التّنوير والدّعوة للفصل بين العلم واللاهوت.

ولد فرانسيس بيكون لوالدين من أسرتين عريقتين، كان أبوه حامل الختم الأكبر للملكة، وكانت أمه كلفنية من دعاة الإصلاح الديني المتشدد. دخل جامعة كامبريدج في سن الثانية عشرة حيث درس اللاتينية، ولم يكمل تعليمه بعد ثلاث سنين أمضاها هناك فرحل إلى فرنسا حيث عمل في السفارة البريطانية هناك. عاد إلى وطنه عام 1580 ودرس القانون وعمل محامياً، وأصبح عضواً في البرلمان لعقود من الزمن، ثم أصبح مستشاراً للتاج البريطاني[1].

---

(1)   حبيب الشاروني، فلسفة فرانسيس بيكون، ط1، بيروت: دار التنوير، 2005.

وفي ظل الأحداث الملتهبة والصراعات بين البروتستانت والكاثوليك التي سادت إنجلترا آنذاك، نستطيع فهم محاولات فرانسيس بيكون الجادّة لتحديث السياسة التعليمية، التي ترتّب عليها طرد المعلّمين المدرسيين والسيميائيين. ونستطيع فهم تحدّيه الملكة، عندما طلبت دعماً مادياً من البرلمان، فوقَف بيكون مع الشّعب ينتصر له، ووضع مشروعاً في البرلمان للتقريب بين العرش والشعب، وأوصى الملكة بعدم القسوة على رعاياها من الكاثوليك وبعدم إجبار الناس على الخضوع لمذهب الدولة البروتستانتي. وتوقّع خسران وظيفته التي نالها في القصر نتيجة لذلك، فعقد العزم على أن يتّجه صوب التأليف والكتابة.

كما اتُّهم بيكون بسوء استخدام منصبه في البلاط الملكي، وبتلقّي الرّشاوي. وبالرغم من أنه قد اعترف ضمنيّاً بهذه التهمة، فأنّ المَلِك أسقط عنه الغرامة المالية التي فرضها القانون. وهذا يدل على التحالفات السياسية التي كانت تقوم آنذاك بين الملكية والطبقات الصاعدة التي كان بيكون يدافع عن مصالحها.

كان بيكون يتوق لترأُس إحدى الكليات أو الجامعات، كي يحقّق طموحه في البحث والاختراع، في عصر كان العلماء يسعون إلى اكتشاف الجسم البشري (وليم هارفي، مثلاً)، وكانوا يحاولون فصل المعادن عن خاماتها. فقد حاول

بيكون، مثلاً، صناعة الفولاذ بخلط الحديد الخام مع الحجر الصّوّاني[2].

أدرك فرانسيس بيكون أنّ مشروعه الكبير يحتاج إلى أن يتبنّاه المَلِك، وتباركه الكنيسة وتوافق عليه الجامعات. وما هي إلا سنوات قليلة حتّى كانت الجمعيّة الملكيّة للعلوم مشروعاً متحقّقاً في لندن، وكان عدد أعضائها من رجال الدين كبيراً[3].

عام 1590، تم اختراع الميكروسكوب بصورة محسنة عن النموذج الذي عُرف منذ القرن الخامس عشر، فبدأ العالم الصغير والحياة الدقيقة تنكشف للعلماء (كان مبكراً النظر إلى الذرات بعد، ولكن ملاحظة الخلايا السطحية للأجسام ربما أوحى بالخلايا المتلاصقة التي توحي بالذرات)، فلا غرابة أن نجد فرانسيس بيكون يعود إلى فكرة ذرات ديمقريطس ويلقب أرسطو بعدو المسيح والمسيحية ويهاجم منطقه الصوري. صحيح أن الميكروسكوبات لم تكن عالية الكفاءَة آنذاك ولكن دراسة النباتات والحشرات كانت سمة بارزة في ذلك العصر، وكان من شأنها أن تعيد للأذهان العالم الذي يتكون من ذرات صغيرة ويؤكدها.

---

(2) Benjamin Farrington, *FRANCIS BACON: Philosopher of Industrial Science*, P.119.

(3) م. ن، ص 74.

لقد ظنّ فرانسيس بيكون، ربّما بتأثير من فكرة أرسطو عن محدوديّة الكون (Finite Universe)، أنه يمكنه السيطرة على هذا العالم الطبيعي، وحصر مشاغله "المحدودة"! لذلك، نجد مشاريعه تحمل عناوين تعليمية وبحثية ضخمة، وتلُفُّها طموحات أضخم بكثير!

بدأ بيكون كتابة الموسوعة التي طالما حلم في إنجازها. فقد ظن أنه سوف يبدأ بمقالات شهرية ستقوده إلى بناء موسوعة متكاملة من المعارف. كانت المقالة الأولى بعنوان "تاريخ الرّيح"، والثانية "تاريخ الحياة والموت". ولكنه ما لبث أن توقّف بعدها، وذلك للتفرُّغ لإنجاز مشروعه "الإحياء العظيم"، الذي لم يستطع إنجاز سوى بضع أجزاء منه لدنو أجله.

كذلك مشروعه "أطلنتس الجديدة" لم ينتهِ. بيد أنّ ذلك الخلل لا يقلّل من أهمّيّة بيكون، الذي كان عمله توقّعيّاً هائلاً؛ فقد أبدى روعة التحدي الإنساني اللامحدودة!

ومهما يكن من أمر، فقد استشرف بيكون إمكانيّة السيطرة على الطبيعة، بالرّغم من أنّ الفكرة بُنيت على فرْضيّة خاطئة، هي محدودية الكون، التي تحقّقت، إلى حد ما، مع قوانين نيوتن؛ إذ سمحت قوانينه المُحْكمة بالسّيطرة على الطبيعة التي نراها، في العالم الجاهري على الأقل.

استمدّ بيكون مشروعية فكرة السيطرة على الطبيعة من الكتاب المقدّس، فقد أطلق على جزيرته الأوتوبية "ابن

السلام" (Bensalem)، كما أطلق على المؤسسة العلمية التي أنشأها، "بيت سليمان" (Solomon's House)، أو كلية الأيام الستة[4]. واستغل بيكون فكرة خطيئة آدم الّتي طردت الإنسان من الجنة، وشبهها بفساد علم الإنسان الذي أدّى إلى فقدان السيطرة على الطبيعة التي وهبها له الله بقوله في سفر التكوين: الإصحاح الأول: "نعمل الإنسان على صورتنا كشبهنا فيتسلطون على سمك البحر وعلى طير السماء وعلى البهائم وعلى كل الأرض ... إلخ".

بذلك حدّد بيكون هدفه المتمثل في مساعدة الإنسان لإعادة سيطرته على العالم. ولكنْ، ماذا ترك بيكون من نفوذ لله في الطّبيعة؟

رأى بيكون أن الله خلق مادّة السّماوات والأرض في لحظة كما جاء في سفر التكوين: "في البدء خلق الله السموات والأرض..."، ثمّ وضع قوانينها الثّابتة والدّائمة في ستة أيام وتركها تعمل وفق قوانينها بعد أن استراح الله في اليوم السابع.

ونحن نستدل على وجود الله من خلال النظام الموجود في تنظيم الذرات التي يتكوّن منها الكون، وفي جمال ذلك

---

(4) Benjamin Farrington, *The Philosophy of FRANCIS BACON,* P.22.

التنظيم وتناغمه[5]. هدف البحث العلمي النهائي هو معرفة قوانين الطبيعة، التي تُمثّل آثار الله وبصماته على العالم الذي خلقه وتركه يعمل وفق قوانينه الطبيعية.

ألا نجد أنفسنا أمام ابن رشد هنا حين يقول إن الفلسفة والشريعة كليهما تنشدان معرفة الموجودات لمعرفة صانعها؟

أمّا عالم الله عند بيكون، فلا يخضع للملاحظة، وبالتّالي، لا داعي للبحث عن برهان لإثبات وجود الله عن طريق تسلسل العلل[6]. ألا يذكرنا ذلك أيضاً بموقف ابن رشد في التمييز بين العلم الألهي والعلم الإنساني، عندما ادّعي أن الإنسان بوسعه معرفة الأخير فقط، وعندما أعاد الاعتبار للسببية بعد أن عطلها الغزالي، والتي سيعطلها ديفيد هيوم فيما بعد.

وبهذا توّج بيكون فصله بين العلم والله، وبين العلم والدّين، وبين الفلسفة واللاهوت. هذا الفصل الواضح لا توفيقيّة فيه، إنّما يمكننا أن نُطلق عليه صفة الانتفاع من الدين بتطويعه، واستمداد المشروعية منه، وذلك بهدف صعود العلم وإعطائه المشروعية اللازمة للحصول على الدّعم الكافي، مادياً ومعنوياً.

---

(5) Sidney Warhaft, FRANCIS BACON: *A selection of his works,* P.86.

(6) قيس هادي أحمد ، نظريّة العلم عند فرانسيس بيكون، ص89.

لم يرَ بيكون أي تعارض بين العلم والدّين، إذ إنّ أهمية العلم مماثلة لأهمية الدّين التي لا تُعرف إلا من فوائده. لقد قدّم أحد أعماله هدية للمطران الذي صاغ لإنجلترا نسخة إنجليزية معتمدة من الكتاب المقدّس، تجلّت أهميتها في إقامة وعي الإنجليز بذاتهم كأمّة، وجاء ذلك في سياق ازدياد الشعور القومي في أوروبا وزيادة سلطة الملوك وإنشاء الدول القومية وتوحيدها لاماراتها المجزأة.

وفضلاً عن احترامه للدين، فقد استغل بيكون الدين في نقد أرسطو. فمثلاً، عندما كان يرغب في مهاجمة أرسطو، كان يُشبِّهه بعدو المسيح والمسيحية. ورأى أنّ بقاء مؤلفات أرسطو وأفلاطون هو دليل على سطحيتها، فماهو مهم، كالمعادن، يترسّب في نهرالتاريخ. لذلك، ينبغي الغوص في أعماق التاريخ لاستخراج ما يترسّب في قعره من معادن ثمينة.

وعندما غاص بيكون في غياهب التاريخ، وجد ضالّته في الفلسفة ما قبل سقراطية. ففضّل مادية ديموقريطس على مثالية أفلاطون، وفلسفة الطبيعية على المنطق الأرسطي والأفلاطوني. إنّها الفلسفة العملية التي تطلّع إليها، وميّزها عن الفلسفة النظرية التي لم تُحقق أي رفاهية للإنسان منذ العصور الإغريقية المتألقة[7].

---

(7) كأنّ بيكون ينقد البيان والعرفان والبرهان. فهو ينقد منطق علم اللاهوت والسّفسطات الّتي لا تقود إلى معرفة علميّة. ثمّ ينقد المنطق الغنوصي السّحري، وينقد جانباً أساسيّاً من المنطق الأرسطي.

استجابت الفلسفة العملية ومادية الإغريق لمتطلّبات عصر بيكون ورغبات الرأسمالية الصاعدة اللامحدودة في عصر كان برونو (ت 1600) قد أعلن عن لا نهائية هذا الكون، على عكس افتراض أرسطو بمحدودية هذا الكون، كما أعلن برونو عن وجود عوالم متعددة، أي مجموعات شمسية أخرى وكواكب مرتبطة بها في هذا الفضاء الفسيح؛ تنوف عن عالمنا المحدود بأفلاكه الأرسطية السبعة التي تشكل الأرض مركزها المحدود من جهة، فيما يشكل الفلك المحيط حدها من الجهة الأخرى.

حدثت في ذلك العصر الثورة الكوبرنيكية بعد نشر كتاب كوبرنيق عام 1543، عام وفاته، وبعد نشر ملاحظات العالم الفلكي تايكو (Tycho) التي كشفت عن وجود نجم جديد لم يكن موجوداً من قبل، نحو عام 1572، كما لاحظ برونو المذنبات (Comets)، فلم يعد كون أرسطو الواقع ما بعد فلك القمر عالماً خالداً لا يتغير.

كما تم في ذلك العصر اكتشاف الميكروسكوب، عام 1590، فانكشف عالم المادة الصغير، ولو بشكل محدود، وأعلن كبلر عن قوانينه في حركة الأفلاك وشكل المدارات، فلم تعد الحركة دائرية. كما تم اختراع البوصلة والطبّاعة وملح البارود واكتشاف المغناطيسية من قبل العالم جلبرت (Gilbert) عام 1603، فلم يعد المغناطيس شيئاً سحرياً

وأصبح هناك قوى مجال تؤثر على الأشياء المادية، وتخضع العالم الطبيعي لقانون السببية الضروري.

كان عصر بيكون عصر تطوّر آلات التنقيب عن المعادن، وتطوّر علم المناجم؛ عصر بداية تركيب إنجلترا المدافع الثقيلة على سُفنها، وانتقال السيادة البحرية إليها من إسبانيا. فما الذي أخذه بيكون عن مادية الإغريق؟

لا نفاجأ عندما نرى بيكون يأخذ عن ديموقريطس أنّ الحركة هي نمط وجود الذرة، أي أن المادة لا توجد في معزل عن الحركة. كان بيكون ديموقريطسي الموقف تجاه النظرية الذرية، واقترح بعض التعديلات عليها. كما اعتبر الحرارة صورة الحركة، وأنها ناجمة عن حركة جزيئات المادة الصغيرة[8].

رفض بيكون رأي المدارس التي تفصل المادة عن الحركة. كما رفض العلة الغائية الأرسطية، وقَبِل بالعلل المادية، والفاعلة، والصورية[9]. وقال بإمكانية رد العمليات العقلية والأخلاقية في الروح الإنسانية، كما في الحيوانات، إلى الحركة الرئيسة للذرات. ولكنه، في بعض الأحيان، كان

---

(8) Lancelot Law Whyte, *Essay on Atomism:* From Democritus to 1960, P.45.

(9) Benjamin Farrington, FRANCIS BACON: *Philosopher of Industrial Science,* P.120.

يتحدّث عن اختلاف نوعي بين الروح الإنسانية والحيوانيّة، لأن أصل الروح البشرية إلهي. هذه هي ثنائية المادية المؤمنة التي ترعرعت في القرن السابع عشر في إنجلترا وسمحت بالفصل بين العلم والدين.

ويمكننا ملاحظة الهامش العريض من الحرية الفكرية التي تمتّع الإنجليز بها آنذاك، مقارنة بالفرنسيّين؛ فقد أصدر البرلمان الفرنسي عام1624، مرسوماً يقضي بإسقاط عقوبة الإعدام على كل من يُعلم أي مذهب يخالف المذهب الأرسطي[10]. لذلك نرى ديكارت يهرب من فرنسا إلى هولندا والدنمارك وألمانيا. لقد هيّأت الأحوال السياسية المستقرة في هولندا، فضلاً عن التسامح الديني فيها، لحرية الفكر ومهّدت للفتوح العلمية المهمة والاختراعات الضرورية لسبر أغوار الكون، كاختراع التلسكوب في هولندا والذي وصل فيما بعد إلى إيطاليا واستخدمه غاليليو وطوّر عليه.

خلاصة القول إن آيديولوجية القرن السّابع عشر في إنجلترا قامت على التّمييز بين ميداني العلم والدين. وقد حطّم بيكون فكرة احتقار الناس الانتفاع بالعلم لاعتقادهم أنّ الآخرة هي محور كل علم، وأنّ الزّهد في الدنيا هو صبغة العلماء. لقد أقام في خياله جزيرة أطلنتس الجديدة، وتصوّر

---

(10) Lancelot Law Whyte, *Op. Cit., P.46.*

فيها حشداً من الآلات والأجهزة والاختراعات، التي سيتحقق أغلبها في القرون اللاحقة. لقد استشرف بيكون قدرات العلم الحديث على السيطرة على العالم، وتغييره، عَبر المعرفة الإنسانية.

تخلصت الحركات البروتستانتية وتعبيراتها الطبقية من سلطة الكهنوت ورجال الدين، ولكنها وقعت فريسة للدولة، حيث قوي نفوذ الملوك وظهرت الممالك الأوروبية أقوى من ذي قبل وانفتح الباب أمام الصراعات بين الدول الأوروبية.

كانت الاختلافات بين البروتستانت على أساس تفسير الدين تؤدي إلى انقسامات وتعدد الكنائس، فكانت سلطة مجزأة وضعيفة. وقد فتح هذا الضعف الكهنوتي الباب أمام الحرية الفكرية والإبداع العلمي والجرأة في الفتوح العلمية وفلسفة نتائجها.

في ضوء الثورة العلمية الكبرى يمكن فهم مواقف بيكون الفلسفية كالآتي: -

1- ثنائية الحقيقة، فمصدر الحقيقة بالنسبة إلى اللاهوت هو الوحي، فيما يقع عالم الله والروح فوق الحس والتجربة، أما مصدر الحقيقة في العلوم الطبيعية فهو العقل ويخضع للعالم الحسي والتجربة. وهذه الفكرة في جوهرها منسجمة مع المذهب الرشدي متأثرة به، فقد فصل ابن رشد بين العلم الإلهي والعلم الإنساني وجعل مجال العقل والفلسفة العلم الإنساني وحده، ورأى ابن رشد أنه إذا تناقض حكم العقل

مع النقل ينبغي تأويل النقل ليوافق حكم العقل. وقد كانت الرشدية تُدرَّس في أوروبا في القرن الثالث عشر في حين حاربته الكنيسة أشد محاربة.

2- سخّر بيكون الدين لخدمة العلم ولمنفعة الإنسان، باستشهادات من الكتاب المقدس، واستخدمه لتعزيز ثنائية الحقيقة، كما فعل معظم الفلاسفة المسلمين.

3- طوّر اللغة لتصبح بسيطة وعلمية بعيداً عن التقعر والبلاغة اللفظية، وهذا ما لم نصل إليه في العالم العربي حتى يومنا هذا إلا لماما[11].

4- عاد بيكون إلى نظرية ديمقريطس ليفسر العالم المادي بها، فقد فتح اختراع الميكروسكوب آفاق دراسة عناصر المواد ومكوناتها الدقيقة، وأثبت اكتشاف جلبرت للمغناطيسية

---

(11) بشأن تجديد العربية، أنظر:-

إسماعيل مظهر، تجديد العربية، ط1، القاهرة: مكتبة النهضة المصرية، 1948.

أيّوب أبو ديّة، عباس محمود العقاد: من العلم إلى الدين، ط1، عمّان: دار ورد، 2003.

أيّوب أبو ديّة، إسماعيل مظهر: من الإشتراكية إلى الإسلام، ط1، عمّان: دار ورد، 2005.

أيّوب أبو ديّة، سلامة موسى: من رواد الفكر العلمي العربي المعاصر، ط1، عمّان: دار ورد، 2006.

سلامة موسى، البلاغة العصرية واللغة العربية، ط4، القاهرة: سلامة موسى للنشر والتوزيع، لات.

أسباباً طبيعية للقوى بين المعدن والمغناطيس، فرفض العلة الغائية وقبل بالعلل الأرسطية الأخرى، لأن هناك أسباباً طبيعية للحركة لا تستدعي غاية ما.

5- بإحياء بيكون للنظرية الديمقريطسية غدا وجود الخلاء ضرورياً لحركة الذرات، وقال بالحركة الذاتية للمادة. واعتبر الحرارة صورة الحركة، وأن الحرارة ناجمة عن حركة الجزيئات في المادة. وحاول اكتشاف قانون عام للحرارة بتصنيف المواد ضمن درجات حرارة متنوعة.

6- اعتمد بيكون الاستقراء الناقص في مقابل الاستقراء التام الذي افترض أرسطو أنه الوحيد الذي يوصل إلى العلم اليقيني.

7- شرع بيكون في تصنيف العلوم على نحو موسوعي، وجمع إحصاءَات تجريبية من خلال الرصد والمشاهدة العيانية، وقام بإجراء التجارب باستخدام الاستقراء في دراسة الظواهر الطبيعية؛ للوصول إلى تعميمات آلت إلى وضع فلسفة شاملة في نواحي متعددة من الطبيعة، فأرسى بذلك قواعد المنهج الاستقرائي الذي يستند على العقل وبداهاته وأنساقه الفكرية، ثم شرع في الملاحظة والتجربة للوصول إلى قانون عام، يقوم بعدها بإخضاعه للتجربة والتمحيص، ويمتحن صدقه، فإذا صدق يُصبح القانون العام الذي تمت صياغته من التجارب نظرية علمية، وإذا كذب القانون العام يبدأ من جديد بتجارب مختلفة.

يقول بيكون: ينبغي ألا نكون كالعناكب نقيم بنياناً من داخلنا، ولا ينبغي أن نكون كالنمل، فقط نجمع، بل علينا أن نكون كالنحل نجمع وننظم معاً.

فيكون بذلك قد أرسى قواعد العلم الحديث الذي بدأه جابر بن حيان. فهذا المنهج البيكوني ينسجم في روحه مع منهج جابر بن حيان التجريبي في الكيمياء ولا يختلف عنه في شيء، علماً بأن الأخير قد توصل إليه في مطلع القرن التاسع الميلادي، أي قبل نحو ثمانمئة عام على وضع بيكون منهجه هذا.

العلم الصحيح عند فرانسيس بيكون هو ذلك الذي يقوم على الملاحظة والتجربة وغايته منفعة الناس العملية. لقد أسس "الآلة الجديدة"، وهو المنهج الاستقرائي الذي يقوم على الملاحظة والتجربة وتحضير لوحة الحضور والغياب واستخلاص القوانين العامة والتأكد منها بإعادة اختبارها لتصحيحها أو رفضها.

وضع بيكون قواعد لمنهج الاستقراء، على صيغة لوحات، كالآتي

تُسجّل على "لوحة الحضور" الحالات التي تظهر في الطبيعة، كدراسة حالات الحرارة الناجمة عن الشمس أو حرارة دم الإنسان الحي، ثم تُقارن بـ"لوحة الغياب" التي سُجلت عليها حالات غياب الحرارة، كأشعة القمر ودم الحيوان الميت، مثلاً. وبمقارنة اللوحتين نستطيع معرفة سبب

ظهور الحرارة أو غيابها. ثم نستخدم "لوحة الدرجات" بحيث نسجل كافة الأحوال التي تتغير فيها طبيعة شيء ما بارتباطها بطبيعة شيء آخر، فيرتبطان معاً بزيادة أو نقصان مما يفتح آفاق اكتشاف الترابط بينهما.

وأخيراً، نقوم بعقد مقارنات بين اللوحات الثلاث (الحضور، الغياب، الدرجات) لاستبعاد الظواهر الغريبة عن الطبيعة. ثم نشرع بعد ذاك في عملية استقراء تقوم على التحليل واستبعاد الظواهر الشاذة في الطبيعة، واكتشاف العلل والأسباب الكامنة من وراء هذه الظواهر، فإذا استبعدنا السبب أو العلة لن يحدث المعلول.

وقد استخدم باسكال عام 1648 الاستقراء الناقص في تجربته المشهورة، ربما بتأثير من منهج بيكون، عندما صعد بأنبوبة فيها زئبق إلى قمة جبل فوجد انخفاض منسوب الزئبق مقارنة بمنطقة أقل ارتفاعاً، فاستقرأ أن انخفاض الضغط الجوي هو سبب انخفاض الزئبق، واستدل من ذلك أن هناك نوعاً من الخلاء، فدحض الفكرة الأرسطية السائدة بعدم وجود الخلاء[12].

8- أسس بيكون مشروعاً فلسفياً لتحضير العقل الإنساني لاستيعاب العلوم الحديثة، ولهدم التراث السلفي العالق في

---

(12) عبد الرحمن بدوي، الموسوعة الفلسفية، ط1، بيروت: المؤسسة العربية للدراسات والنشر، 1984.

عقول الناس، فشرع في مهاجمة الأصنام التي تلوث عقل الناس، وفسر أسبابها (القبيلة والكهف والسوق والمسرح) وفتح الباب أما قبول الآخر ونظف العقل من العوالق الما قبل علمية استعداداً لقبول العلم الجديد.

هاجم بيكون الأصنام التي هيمنت على الفكر البشري، على نحو يذكرنا بمساعي ديكارت للتخلص بالشك المنهجي من الأفكار السائدة والأوهام المنتشرة في عقول الناس بتأثير من "الشيطان الماكر". كما هاجم بيكون الأسلوب القروسطي التقليدي الذي ارتكز على بلاغة القول وفخامة الأسلوب وتقعر الألفاظ.

ثم شرع في هدم الأصنام التي سيطرت على عقول الناس آنذاك، مثل **"أصنام القبيلة"** المغروسة في نفوس الناس عن القبيلة والجنس، ودعاهم للتحقق من أنّ معارفهم الحسية نسبية؛ حيث تميل العقول المتأثرة بأصنام القبيلة إلى الظن أنها حقائق نهائية؛ فعندما نحلم ويتحقق الحلم ذاته في اليوم التالي نظن أن الأحلام هي تنبؤات صحيحة، ونغفل عن أن الكثير من الأحلام الأخرى التي نحلم بها لا علاقة لها بالواقع المعيش ولا تحدث في الواقع العياني.

كما حارب بيكون **"أصنام الكهف"** بوحي من فكرة أفلاطون والتي أدعى فيها أن الإنسان أسير حواسه، وجعل لكل إنسان كهفه الخاص الذي يتوهم فيه أن ما يراه حقيقة.

وهذه خطوة مهمة نحو نشدان نسبية الحقيقة التي تجعل الناس على اختلاف مذاهبهم واعتقاداتهم أكثر تفهماً لبعضهم البعض وأعظم تسامحاً مما قبل. وكان ذلك هدفاً منشوداً في عصر تحارب فيه البروتستانت والكاثوليك بعنف لا مثيل له.

كذلك هدم "أصنام السوق" المرتبطة باللغة الدراجة، حيث تمتلك اللفظة الواحدة عدة معانٍ، فينشأ عن ذلك خلط في المفاهيم، كما هدم "أصنام المسرح" التي تسربت من خلالها المذاهب الفلسفية المختلفة على تنوعها ونسبيتها تجاه الحقيقة.

لم يحقق بيكون إنجازات علمية مهمة بالرغم من تنوع أعماله الموسوعية وتجاربه المتعددة، فلم يدرس الرياضيات وعلوم عصره النظرية كما سيفعل ديكارت، ولكنه فتح آفاقاً لا حدود لها للمعارف العصرية وأرسى قواعد العلم الحديث على الملاحظة والتجربة الممنهجة. وقد أدت الاكتشافات العلمية الحديثة إلى اعتقاد بيكون أنه يمكن السيطرة على الطبيعة بمعرفة قوانينها.

ديكارت

(1595 - 1650)

فيلسوف وعالم ورياضي ومهندس وفلكي، شارك في تطوير الرياضيات واستفاد من اكتشاف نابيير (Napier) للوغارثمات ومن علوم عصره، مثل اكتشافات كوبرنيق وتايكو وبرونو وجلبرت وكبلر وهارفي وغاليليو وبيكون وغيرهم. وتأثر ديكارت بأستاذه بيكمان (Beeckman) الطبيب المطلع على التقدم العلمي في أوروبا والتفسير الآلي للظواهر الطبيعية.

ولد رينيه ديكارت في فرنسا عام 1595 لوالد كان عميداً لبرلمان بريتاني، عند وفاته ترك ورثة تتكون من أراضٍ لابنه رينيه. نشأ ديكارت يسوعي الثقافة كاثوليكي المذهب. كان حسن الهدام ويمتشق سيفاً ولم يتزوج ولكنه أنجب ابنة ماتت وهي طفلة.

كان محافظاً في فكره الذي شكل فيما بعد، وبالرغم من ذلك، إلهاماً لثورة كوبرنيكية في الفكر البشري أصبح العقل البشري فيها مركزاً للكون.

عاش في هولندا حيث انخرط في الجيش هناك، كما شارك في حرب الثلاثين عاماً في جيش بافاريا؛ حيث قضى فترة من التأملات ينظر إلى المدفأة أيام البرد القارص ولغاية عام 1621، حيث أنتج بواكير أعماله الفكرية؛ وله مقال في المنهج، وهو محاولة للوصول إلى معرفة يقينية على غرار العلوم الرياضية.

يعتبر ديكارت رائد الفلسفة الحديثة ورياضي بارز اكتشف الأس الجبري، ومزج بين الجبر والهندسة (الهندسية التحليلية) التي ما زالت احداثياته الديكارتية تشكل أساس الاحداثيات التي يقوم عليها تحديد المواقع في شتى صنوف العلوم العسكرية والمدنية.

توصل ديكارت إلى أن الأرض تدور وليست ثابتة وفق نموذج أرسطو للأفلاك، ولكن بعد إدانة الكنيسة كتاب غاليليو (Massimi Sistemi) الذي نشر عام 1632 وتحدث عن أن الأرض تتحرك، لم ينشر ديكارت كتابه "بحث في العالم" الذي ألّفه عام 1633 إلا بعد وفاته كي لا يواجه الكنيسة كما فعل برونو وغاليليو.

هرب ديكارت بعد إصدار عقوبة الإعدام على من يخالف المذهب الأرسطي عام 1624، وتنقل في ألمانيا والدنمارك وإيطاليا وهولندا، حيث اتهم في هولندا بأن أفكاره تقود إلى الإلحاد، ولكن سفير فرنسا وأحد الأمراء: أمير أورانج

(Prince of Orange) دافعا عنه. وعندما حاربته جامعة لايدن (Leyden) عاد الأمير ودافع عنه مرة أخرى.

ذهب إلى السويد لتعليم الملكة كريستينا الفلسفة، كانت تحضر دروساً له تبدأ الساعة الخامسة صباحاً، ومن شدة البرد أصيب بمرض ذات الرئة توفي على إثره. واهتمام الملوك بالفلسفة مؤشر بالغ الأهمية على دعم الملوك والأمراء للفلسفة في ذلك العصر، على نحو يذكرنا بتعليم أرسطو للإسكندر المقدوني، وحلم المأمون بأرسطو وعلاقة الكندي المميزة بالمأمون والمعتصم، وعلاقة ابن طفيل وابن رشد الطيبة مع المنصور في بلاط دولة الموحدين.

قواعد مذهبه العقلي التصوري

أولاً: التأملات في الفلسفة الأولى

1) لإثبات الوهم الذي يلازم العقل أثناء إدراكه الأشياء في الطبيعة، استخدم ديكارت حجة الجنون وحجة الحلم اللذين يصاحبان العقل البشري ويجعلانه يتصور أشياء لا وجود لها في الطبيعة، فاعتبر أن هناك شيطاناً خبيثاً يخدعنا فلا نستطيع معرفة الأشياء بوضوح. لذلك استخدم الشك الديكارتي في كل شيء، حتى وصل إلى حقيقة أنه يفكر، واتخذه كدليل على وجود ذات مفكرة لا يمكن الشك في وجودها. وهكذا خلّصنا ديكارت من الأحكام المسبقة بالتجرد من شهادة الحواس.

2) الأفكار الواضحة جداً والمتميزة جداً هي الأفكار الوحيدة التي يمكن أن نسمها بأنها أفكار صحيحة. كفكرة الذات المفكرة الواضحة جداً والمتميزة كذلك. مع ملاحظة أن الفكرة المتميزة واضحة بالضرورة، أما الفكرة الواضحة فليس بالضرورة متميزة.

3) وهكذا وصل إلى وجود الذات بوصفها حقيقة واقعية لا مجال للشك فيها، وهذه النتيجة تذكرنا بدليل الرجل الطائر عند ابن سينا، وكل من دليل الإستمرار ودليل الهوية.

4) هناك جوهران متمايزان. فالجسم منقسم ومؤلف من أعراض قابلة للفناء، أما النفس فجوهر محض ولا تقبل القسمة ولا تفنى.

5) أثبت ديكارت وجود الجوهر الأول - الله - بالاستعانة بالدليل الأنطولوجي الذي بدأه القديس أنسلم. ففكرة الله الكامل موجودة فينا بالفطرة. وبما أن الله يتسم بكل صفات الكمال، فلابد أن يكون موجوداً. فتوصل إلى فكرة أن الله موجود.

وصل ديكارت بمنهجه الشكي إلى فكرة الله الفطرية فينا، بقوله: بما أنني متناه فليس بوسعي أن أتخيل اللامتناهي، فالله فكرة أودعها في نفسي وقام العقل بمعاينتها وقامت الإرادة بإقرارها. ولكن، لماذا معرفتنا بالله ضرورية؟

يرى ديكارت، مثلاً، أن يقين البراهين الهندسية متوقف على معرفتنا بالله؛ فالله ضروري لوجود هذا العالم وبقائه.

6) سعى ديكارت إلى التمييز بين النفس والجسم بالرغم من أنهما متحدين، ولكنه لم يستطع توضيح العلاقة القائمة بينهما.

ثانياً: قواعد المنهج

وهي القواعد التي شرحها ديكارت في "مقال في المنهج" و"قواعد لهداية العقل"؛ وهو المنهج الذي توصّل إليه من خلال الاشتغال بالرياضيات والجبر والهندسة:

1) اليقين هو الواضح المتميز للعقل والذي لا يقبل الشك.

2) تقسيم القضايا إلى أجزائها البسيطة الواضحة والمتميزة.

3) الانطلاق من الأبسط إلى الأكثر تعقيداً.

4) إجراء إحصاءَات ومراجعات لعدم إغفال شيء.

ابستمولوجياً: منذ بارمنيدس[13] في القرن الخامس قبل

---

(13) بارمنيدس من أبرز فلاسفة الإغريق قبل سقراط، وهو مؤسس المدرسة الايلية الميتافيزيقية التي تقول بعالم واحد موجود تُنكر عليه الحركة والكثرة وتجعله الموضوع الأول للعقل. وتنشد فلسفته بلوغ الحقيقة المطلقة بالوسائل المنطقية وحدها. وقد جاءَت تعبيراً عن التقهقر الفكري الذي نجم عن الحروب الداخلية وغزو الفرس واستسلام أثينا الذي أعلن سقراط عنه فيما بعد من خلال الشروع في دراسة الأخلاق ومعرفة الذات.

الميلاد والوجود سابقاً على الفكر وموضوعاً له، أما مع ديكارت فقد أصبح الفكر أولاً وغدا نقطة انطلاق التفلسف بالشك المنهجي؛ إنه عصر العقل (الإنسية)؛ العقل السليم الذي أصبح القاسم المشترك بين الناس وغدا الوسيلة للحصول على المعارف من دون وساطة خارجية.

نشأت المذاهب التصورية في القرن السابع عشر في أوروبا بتأثير من النزعة العلمية والرياضيات، فأصبحت الحقيقة صورية خالصة. حاولت الفلسفة تقليد الرياضيات لوضوحها ويقينها، وحاولت استنتاج ماهية الأشياء باستنباط عقلي، وبدأ ديكارت يبحث عن وسيلة لإشادة ميتافيزيقا جديدة تقوم على الفيزياء الحديثة، وتستخدم الأدوات المنهجية الذي يستخدمها الرياضيون وعلماء الطبيعة، فوضع قواعد علمية للشك المنهجي.

كما كان أثر غاليليو كبيراً على ديكارت، فمن خلال إبداع مفهوم القصور الذاتي، ووصف غاليليو لقوانين السقوط الحر، تشكلت منظومة فكرية جديدة - برادايم (Paradigm) - للعلم الطبيعي تقوم على قواعد عقلية رياضية وهندسية أدت إلى هدم فيزياء أرسطو، وإلى إلغاء العلّة الغائية ورد الاعتبار للسببية في مواجهة الأفكار القروسطية؛ حول المعجزات والخوارق الطبيعية غير المبررة علمياً.

ويمكننا أن نرى أثر بيكون على ديكارت، إذ رأى ديكارت أن الله بإمكانه خلق الكون في أي لحظة بواسطة

165

الامتداد والحركة، ورأى أنه بإمكاننا استخدام الامتداد والحركة في صنع ظواهر طبيعية مشابهة لتلك التي تحصل في الكون؛ وذلك للسيطرة على الطبيعة لمصلحة الإنسان (على غرار المعرفة عند بيكون بوصفها وسيلة للسيطرة على الطبيعة).

ولكي يتسنى للعلم الطبيعي الناشئ أن يتقدم بعيداً عن الاضطهاد والأوهام والأفكار المسبقة. فصل ديكارت بين مملكة الله ومملكة الطبيعة وفصل بين مملكة الفكر ومملكة المادة؛ إنه عصر العلم قد أتى ليقيم التمييز أيضاً بين الصفات الرئيسة الثابتة والصفات الثانوية المتغيرة، التي بدأت تأخذ مكان المقولتين الجوهر والعرض شيئاً فشيئاً.

وبشكل عام، كان القرن السابع عشر قرن البحث عن الجواهر المادية التي تقف من وراء الأشياء.

تعريف الجوهر عند ديكارت:

التعريف الأول: "إنه ما لا يعتمد في وجوده على أحد غيره". وهذا تعريف أرسطي يشير إلى الله، الجوهر اللامتناهي الكامل والحر والموجود وجوداً حقيقياً والذي لا يحتاج في وجوده إلى غيره من المخلوقات.

التعريف الثاني: "إنه ما لا يعتمد في وجوده على غيره من المخلوقات، القائم بذاته". وينسب هذا التعريف إلى كل من الروح أو الجسم بالمعنى عينه. وهذه الاستقلالية الذاتية للأشياء فتحت الباب أمام الإبداع العلمي.

وهذا يعني أننا نقف أمام ثلاثة جواهر، هي: الله،
الروح، الجسم.

نحن لا ندرك الجواهر مباشرة، إنما ندركها من خلال
صفاتها، ولكل جوهر صفة مكونة لماهيته مقومة لطبيعته،
فصفة النفس المقوّمة هي الفكر وصفة الجسم المقوّمة هي
الامتداد.

لقد كانت معرفة الجواهر في ذاتها في ذلك العصر عصيّة
على المعرفة المباشرة.

أما الأحوال، فهي تنوب الجوهر، وأحوال الجوهر
الروحي هي الفهم والشهوة والإرادة. حيث يتألف الفهم من
أفكار فطرية ومعاني حسية ومعاني وهمية. أما الشهوة فمرتبطة
بأرواح حيوانية في النفس، أما الإرادة فهي أحكام النفي
والإيجاب.

والإرادة الإنسانية هي ملكة الاختيار الحر، أي حرية
الإرادة، وهي حال من أحوال النفس عند ديكارت،
وبواسطتها برّأ ديكارت الله من الخطأ البشري لأن البشر
يتمتعون بحرية الإرادة الواعية.

وأحوال الجوهر المادي هي الحركة والشكل. وتتغير
الأحوال بتغير الظروف، كما يضرب لنا ديكارت مثلَ
الشمعة، حيث يتغير شكلها ولونها ورائحتها حين تحترق؛
ولكن يظل الامتداد المتمثل في بقايا الشمع المنصهر.

لم يستطع ديكارت أن يفسر الاتصال بين بعض الأشياء،

فالله بطيبته المطلقة يُوفّق بين المواد، كما يوفّق بين الجسم والروح، فالله الديكارتي يتدخل باستمرار لتحريك هذا الكون، بل إن الله بطيبته المطلقة يضمن لنا عدم تشويش ذهننا بالوهم الذي يأتينا من الشيطان الماكر.

أما الجوهران النفس والجسد فمتمايزان، ورغم ذلك متحدان، ولكن ديكارت لم يستطع تبرير هذا الاتحاد، إذ حاول تفسير العلاقة بين النفس والجسد في كتابه "انفعالات النفس". وفساد الجسم لا يقتضي فساد النفس، فأبقى على الأمل بحياة النفس الأخرى بعد الموت.

سعى ديكارت للوصول إلى المعرفة انطلاقاً من منهج فيه من الدقة واليقين على غرار الرياضيات، فقد أدرك أهمية اكتشافات عصره (من كوبرنيق إلى غاليليو) وتهديدها للأرسطية السائدة. أثبت وجود النفس وجوداً واضحاً ومتميزاً، ثم أثبت التمايز بين الروح والجسد؛ فلم يعد البدن صورة للنفس كما كان عند أرسطو.

في بحث كتبه في نهاية أيامه بعنوان "مشاعر الروح" يحاول ديكارت بيان طبيعة ارتباط النفس بالجسد، ومكان ارتباطهما الذي يتم من خلال الغدة الصنوبرية الصغيرة (Pineal gland) الواقعة في أسفل الدماغ (وهذه الأفكار سبق أن تحدث عنها ابن سينا). ولكنه لم يكتشف تماماً العلاقة بينهما.

وبالرغم من ذلك فقد أسس للعقلانية والمنهج العلمي، الأمر الذي ساهم في تطور الفكر المدرسي القروسطي وخروجه من عقدة أرسطو ومنظومته.

والمادة لا تتكون من ذرات، لأن الذرات تفيد الخلاء، فالمادة امتداد، ولا امتداد من دون مادة، والمادة متراصة في الكون، والحركة في داخله ساكنة، والحركة في الأفلاك السماوية دائرية تامة، ولذلك لابد إذاً أن تكون الحركة آتية من الخارج؛ إنها دفع مستمر من الله في عالم مليء بالأثير المتراص تماماً بحيث لا يسمح بوجود الخلاء.

إنها أفكار أرسطية في المادة والحركة لم يستطع ديكارت تجاوزها!

هناك وجود موضوعي للمادة، فلا يعتمد الجسم على غيره، أي أنه لا يعتمد على ذواتنا، فالوجود المادي مستقل عنا، وليس مسألة ذاتية تعتمد على إدراكنا لها (مثلاً، جورج باركلي)، وهناك خصائص جوهرية للمادة تضفي عليها طبيعتها الجوهرية الخاصة، فخاصية المادة الامتداد من حيث الطول والعرض والإرتفاع. أما خاصية الروح فهي الفكر.

الأفكار الواضحة والمميزة هي أفكار يقينية عند ديكارت ولكن الفكرة الواضحة ليست بالضرورة مميزة، أما الفكرة المميزة فهي واضحة بالضرورة، كالتعريفات الهندسية. وقد فتح هذا التمييز بينهما الباب أمام وضع صياغة الصفات

الرئيسة والثانوية عند الفلاسفة العقلانيين والإمبريقيين فيما بعد، كجون لوك مثلاً[14].

الامتداد عند ديكارت هو من الصفات الرئيسة، فما تبقى من تجربة ديكارت على الشمعة بعد تغير لونها ورائحتها هو الشمع الممتد الذي ذاب؛ ولكنه بقي له امتداد يوحي لنا بهوية الشمعة المصنوعة من الشمع. فالامتداد هو من الصفات الرئيسة الموضوعية التي لا تعتمد في وجودها على غيرها، ولا يختلف اثنان بشأنها (إنها موضوع العلم الطبيعي)، وهي صفات فطرية عندنا، كالتعريفات الهندسية التي يقينها مرتبط بوجود الله ومعرفته.

أما اللون والطعم والرائحة فمن الصفات الثانوية الذاتية التي تعتمد علينا ونكتسبها بالتجربة، وهي الصفات التي نختلف بشأنها، فقد يرى أحدنا السماء زرقاء فيما يراها آخر سماوية اللون، وثالث قد يختلف معهما لأنه يعاني من عشى ليلي.

تلخيص المذهب العقلاني الديكارتي

* الشك في كل شيء إلا في حقيقة أنني ذاتٌ مفكرة موجودة وجوداً حقيقياً، وبذلك أراد تنظيف العقل الإنساني

---

(14) D. Collinson & K. Plant, *Fifty Major Philosophers,* PP. 123-131.

من الأحكام المسبقة والأوهام التي نراها في الطبيعة بفعل خداع الشيطان الماكر.

* أوضح أن معرفة العقل اليقينية ممكنة من دون وساطة خارجية.

* أثبت وجود الذات المفكرة وانطلق لإثبات وجود الله باستخدام الدليل الأنطولوجي مستخدماً الاستنباط العقلي.

* أسس قواعد المنهج العلمي الذي يبدأ من بداهة الفكرة ووضوحها بوصفها يقيناً واضحاً للعقل لا يقبل الشك، وانطلق لتقسيم القضايا إلى عناصرها البسيطة للتأكد من يقينها، ثم انطلق لبناء استدلالات لقضايا أكثر تعقيداً، مع التأكد من ذلك بإجراء إحصاءَات ومراجعات لعدم إغفال أي شيء (استقراء تام).

* أسس لفكرة الثنائية، ثنائية الروح والجسم وثنائية مملكة الله والطبيعة.

* أصبحت الجواهر مع ديكارت ثلاثة: الله، الروح، الجسم.

* أسس لفكرة الصفات الرئيسة والصفات الثانوية الضرورية لقيام العلم الحديث.

* ظل ديكارت أرسطياً من حيث رفضه لفكرة الخلاء، لأن المادة لا تتكون من ذرات تستدعي حركتها الخلاء، فالمادة متراصة والحركة في داخلها ساكنة، والحركة في الكون دائرية الطابع تأتي من الخارج بدفع مستمر من الله

الذي يمكنه أن يخلق المادة ويفنيها في أي وقت (فكرة الخلق المستمر عند ديكارت).

* إقترح ديكارت مفهوم طاقة الحركة وبين علاقته بالحجم والسرعة، وهي فكرة سوف يطورها ليبنتز لاحقاً على نحو قريب من المعادلة العلمية الحديثة لطاقة الحركة التي تساوي نصف الكتلة مضروبة في مربع السرعة (الطاقة = 2/ 1 ك × س2).

* في مقالته "بحث في العالم" التي نشرها ديكارت عام 1633 أكد على مركزية الشمس. كما اهتم ديكارت في رسائله عن الشهب بحركتها غير الدائرية عام 1637، وجاءَت تأكيداً على تأثره بالاكتشافات العلمية الحديثة في علم الفلك التي أكدها تايكو وبرونو وكبلر وغاليليو.

أهم مؤلفاته هي التالية:

1618 بعض الدراسات التي اشتغل فيها بانكسار الضوء وفي الشهب وأحوالها وفي الهندسة التحليلية؛ وله رسالة في الموسيقى.

1628 قواعد لهداية العقل.

1633 بحث في العالم، حيث اعتقد بدوران الأرض حول الشمس بتأثير من كوبرنيق، واعتقد أيضاً بلانهائية الكون، ربما بتأثير من برونو.

1637 خطاب في المنهج ونشر ثلاث رسائل في الشهب

وأحوالها، كما نشر مقال في المنهج باللغة الفرنسية على عكس كتبه الأخرى التي نشرها باللاتينية. وكان هدفه مخاطبة عامة الناس من المثقفين وإحياء الروح القومية الفرنسية.

1641 تأملات في الفلسفة الأولى.

1644 مبادئ الفلسفة (Principia Philosophiae)

1647 الهندسة: في الجبر، كاستخدام المقادير الجبرية س، ص ... إلخ، وذلك للدلالة على مقادير ثابتة؛ وفي الهندسة، كالعمل على دراسة القطع المكافئ (Parabola).

1649 انفعالات النفس.

ليبنتز
(1646 - 1716)

ولد ليبنتز لعائلة لوثرية في مدينة ليبزيش (Leipzig) قبيل انتهاء حرب الثلاثين عاماً بسنتين، لأب عمل أستاذاً في فلسفة الأخلاق. وبالرغم من أنه تعلّم في مدرسة بيد أن جلَّ ثقافته الذاتية حصّلها من مكتبة والده.

دخل جامعة ليبتزيش عام 1661 لدراسة القانون، حيث تعرّف هناك إلى علماء وفلاسفة عصره وطمح إلى التوفيق بين إنتاج هؤلاء وفلسفة أرسطو المدرسية التي اعتنقتها الكنيسة آنذاك.

وعندما أنهى دراسة القانون عام 1666 حاول عمل أطروحة دكتوراة في القانون ولكنه رُفض لصغر سنه، فغادر بلدته ولم يعد إليها أبداً.

كتب أطروحة مبكرة حول "أساس الفرد" بتأثير من أفكار لوثرية، وأكّد على القيمة الوجودية للفرد؛ التي لا يمكن التعبير عنها فقط من خلال المادة أو الصورة؛ إنما من خلال كُلّيته. وهذه الفكرة شكلت نواة مشروع "الموناد" عنده.

174

ثم في عام 1666 أيضاً، كتب حول فن الجمع، حيث وضع نموذجاً نظرياً مبكراً للحواسيب المعاصرة؛ كما اخترع ليبنتز فيما بعد آلة حاسبة.

في مدينة نوريمبرغ المحررة من سلطة الإمبراطورية الرومانية المقدسة كتب أطروحته؛ التي جعلته يحوز على درجة الدكتوراة فضلاً عن كرسي الأستاذية الذي رفضه. كما رفض بعدها كرسياً جامعياً للتدريس، وآثر العمل كمستشار لدى المطران أمير مدينة مينز (Mainz) الألمانية. وربما يعود رفضه لهذه المناصب إلى سيطرة الأرسطية على المراكز العلمية آنذاك.

انقسمت ألمانيا في تلك الفترة من الزمن إلى مئات الإقطاعيات المتجزأة التي دمرتها الحرب، وكانت المقاطعات الغربية من ألمانيا آنذاك ترتعد خوفاً من الملك الفرنسي لويس الرابع عشر وطموحاته التوسعية، فسعى ليبنتز إلى إقناع الملك الفرنسي لغزو مصر بدلاً من ألمانيا، ولكن جهوده ذهبت هباءً.

وقد استفاد ليبنتز من السنوات الأربع التي قضاها في باريس حيث ازدهرت الفلسفة والرياضيات، واضطلع على أعمال ديكارت ومادية غاسندي، وتعرف إلى مالبرانش (Malebranche) وغيره من فلاسفة عصره. وهناك ابتكر التفاضل والتكامل (عام 1684)، في وقت واحد تقريباً مع

اسحق نيوتن الذي لم ينشر أعماله في التفاضل والتكامل إلا عام 1687.

عاد إلى ألمانيا ودرّس الفلسفة الأرسطية في حلتها المدرسية المحدثة. وبتأثير من مادية غاسندي والديكارتية وفلسفة سبينوزا نزع ليبنتز الثوب المدرسي التقليدي، وشرع بعدها في خدمة بيت هانوفر، حيث فُوِّض بكتابة تاريخ مدينة برونزويك (Brunswick)؛ وفي معرض دراسته تلك زار إيطاليا حيث الجذور المزعومة لدوق برونزويك، كما زار هولندا والتقى سبينوزا هناك عام 1676 قبيل وفاته بعام واحد.

تنقسم أعمال ليبنتز إلى قسمين:

القسم الأول، ما نشره لإرضاء الأمراء واكتساب الشهرة، وكانت أعمالاً ملؤها التفاؤل، كقوله مثلاَ: "إن عالمنا هو أفضل العوالم الممكنة التي خلقها الله"، ولكنها كانت مؤلفات ضحلة وتقليدية.

أما **القسم الثاني** فيضم مخطوطاته التي لم تنشر واحتفظ بها لنفسه، وتتسم بالأصالة والانسجام والمنطق المتماسك، وبدأ تأثير سبينوزا عليها واضحاً. لقد نشرت بعض أعمال ليبنتز الأصيلة في مطلع القرن العشرين، ولأول مرة، وذلك لأنه رأى آنذاك أنه سيواجه معارضة شديدة إذا نشرها، فآثر أن يحفظها لنفسه[15].

(15) Op. Cit., PP. 108-114.

رفض ليبنتز بعض أفكار ديكارت للأسباب التالية:

1) تستدعي فكرة **الامتداد** الديكارتية التعددية وحسب، وبالتالي يستلزم ذلك القول بخليط من مواد يتكون منها الجسم، وكل منها غير ممتد. وفكرة الامتداد لا تسمح باستنتاج الموجود نفسه، فهناك خصائص أخرى للموجود.

2) فكرة **الجوهر** التي نادى بها ديكارت تتطلب الوحدة، وطالما أن صفة الجسم الامتداد، فإن المركب ليس جوهراً إنما ظاهرة. فماهية الجوهر هي القوة أو النشاط عند ليبنتز.

وهكذا أصبح الامتداد مع ليبنتز صفة للجسم وليس جوهراً للمادة، كما أصبحت المادة تجمعاً من جواهر بسيطة، فغدا العالم الخارجي مكوناً من مادة وحركة، أما المكان والزمان فظواهر غير حقيقية (متغيرة)، ولكنها واقعية.

3) **علاقة الروح بالجسد** الديكارتية منفصلة، بينما مع ليبنتز غدت علاقة تواصل، فالجسم نوع من الصورة وبينهما علاقة تناسق أزلي خلقها الله ليكون هذا العالم أفضل العوالم الممكنة، وقد ترك الله العالم بعد خلقه ومن دون الحاجة لأن يتدخل باستمرار في الكون.

4) الحركة أو التغير الديكارتي هو تعديل للموقع، والحركة قادمة من الخارج، وهي دائرية الشكل يحركها محرك أول لا يتحرك، فيما اقترح ليبنتز **القوة الفاعلة الداخلية**، "إنتلخيا" وهي نوع من الطاقة الذاتية التي تحرك الموناد.

5) **مفهوم الطاقة** الذي اقترحه ديكارت له علاقة بالحجم والسرعة، بينما عند ليبنتز مرتبط بالكتلة ومربع السرعة، وهو قريب من قانون طاقة الحركة الحديث المتمثل في نصف الكتلة مضروبة بتربيع السرعة.

نظريته في الوجود

نجد فلسفة ليبنتز المشهورة في كتابه "علم المونادات" (Monadology)، وفي كتابه "قواعد الطبيعة والفضيلة"، أما قواعد التفاؤل اللاهوتي فنجده في كتابه (Theodicee). هذه هي أعماله المنشورة، وموقفه الفلسفي الأول فيها هو كما يلي:

أسس ليبنتز فلسفته على مسلمتين منطقيتين: **قانون التناقض وقانون السبب الكافي**. وهما يعتمدان على فكرة القضية التحليلية، حيث المحمول متضمن في الموضوع، وبالتالي فإنها لا تضيف أي معلومات جديدة. وهذه القضايا التحليلية صادقة، إذ يعتبرها قانون التناقض أنها صادقة بالضرورة.

خذ، مثلاً، القضية المنطقية التالية: المعادن تتمدد بالحرارة، حيث الموضوع هو المعادن، والمحمول هو تتمدد بالحرارة.

فإذا نظرنا إلى مفهوم المعادن يمكننا معرفة أن خصائص

المعادن هي أنها تتمدد بالحرارة. وعليه، فإن المحمول لا يضيف معلومات جديدة إلى القضية.

أما قانون السبب الكافي فيعتبر أن القضايا الصادقة كلها هي قضايا تحليلية، بما في ذلك القضايا التجريبية في مسائل حقيقية وواقعية.

كذلك أسس ليبنتز فلسفته، كديكارت وسبينوزا، على فكرة المادة، ولكنه اختلف معهما في علاقة الفكر بالمادة، وأيضاً في أعداد المادة وأشكالها وعلائقها.

عند ديكارت الله والروح والجسم جواهر ثلاثة، بينما عند سبينوزا هناك جوهر واحد هو الله، من حيث إن الله والطبيعة واحد. وجوهر المادة هو الامتداد عند ديكارت، أما عند سبينوزا فإن الفكر والامتداد هما صفات لله.

رفض ليبنتز فكرة الامتداد لأنها تستدعي التعددية وبالتالي تستدعي القول بخليط من المواد كل منها غير ممتد، وتوصل بذلك إلى فكرة أعداد لا متناهية من المونادات أو المواد، كنقط لها خواص فيزيائية فقط (ربما بتأثير من نيوتن) عندما نتصورها تصوراً تجريدياً، وكل موناد منها هو روح. وهكذا انتهى إلى إنكار حقيقة المادة التي غدت تتألف من أعداد لامتناهية من المونادات الروحية.

وكل موناد هو مرآة للوجود، فيما يتعرف كل موناد على الآخر بواسطة الله، فالله بمثابة مرآة بواسطتها يرى الموناد

179

نفسه وغيره من المونادات، كما يرى في الوقت نفسه صورة الله.

المونادات جواهر لا تفنى عند ليبنتز. إن كلاً من الجسم والنفس يتألفان من مونادات، فبفناء الجسم لا تفنى الروح بل تتحول إلى شكل أكثر رقياً. وبهذه الطريقة فسر تحول القربان إلى جسد المسيح ودمه، وهو الطقس الديني الذي يقام في شعائر الكنائس الكاثوليكية والأرثوذكسية (سر المناولة).

ربما بتأثير من غاليليو قال ليبنتز إنّ الموناد تُعبَّر عن ميولها بالدفع؛ فيها قوة فاعلة (مادة أولى - طاقة) وضعها الله في الموناد. ومبدأ الانفعال هذا الذي وضعه الله هو مرآة الوجود.

كأن ليبنتز بحديثه الأخير يُعرّف ماهية المادة بقصورها الذاتي (الكتلة - مادة أولى بتأثير من غاليليو، أو ربما يتحدث عن طاقة بمفهوم ديكارت لها). ولكنه يعود ليتحدث عن الأثير الذي لا ثقل له، ربما بوحي من تورشيللي وتجاربه في الخلاء (Vaccum). ونذكر هنا أن نيوتن نفسه لم يتخلى عن فكرة الأثير. ولكن ليبنتز رفض فكرة نيوتن في جذب الأجسام بعضها لبعض عن بُعد، ربما لسيطرة الفلسفة الميكانيكية على عقول العلماء والفلاسفة في تلك الفتره.

بدأ ليبنتز ببناء منطقي فتوصل إلى أمور غير حقيقية، فاضطر إلى تخيلها وقام بمحاولة إثباتها بصورة منطقية أدت به إلى بناء تصورات غير واقعية.

الله هو موناد المونادات يُدرك الأشياء بوضوح وتميز مطلق. وعلاقاته بالعقول علاقة أمير برعاياه. الإنسان ادراكاته العقلية واضحة متميزة، أما الإدراكات الحسية فمختلطة وغامضة. وهو بذلك يستخدم فكرة الوضوح والتميز الديكارتية بوصفهما شرط المعرفة اليقينية.

لا تقوم علاقة بين المونادات، فهي غير مرئية، ولكن، كيف يفسر ليبنتز ميكانيكية المونادات وبخاصة عند الاصطدام وعند تصورها غيرها؟

يجيب ليبنتز: كل موناد يختلف عن الآخر ويشكل مرآة تعكس الكون بهبة من الله؛ كلٌّ من زاوية رؤيته الخاصة للكون. هناك انسجام بين المونادات بقوة تستمدها من الله، وهي مونادات خالدة لا تفنى تحمل مشروعها منذ الأزل إلى الأبد.

تتعاون المونادات مع بعضها البعض بعدة مبادئ، هي:-

1) مبدأ الاتصال: اتصال زماني - مكاني، اتصال الحالات والصور. تتم الحركة بالقوة الفاعلة، فيتغير الموقع، فنرى أشياءً جديدة وتصبح حالات جديدة إذا ما نظرنا إلى موناد المونادات - مرآة الوجود.

2) مبدأ اللا متشابهات: وهو توكيد لمبدأ السبب الكافي. فلو خلق الله جزيئين متشابهين تماماً فلا علة تبرر اختلافهما.

3) مبدأ التناسق الأزلي: خلق الله أفضل عالم ممكن وزوده بنظام واتساق يحفظ استمراره. ودليل التناسق الأزلي

علاقة الروح بالجسد. حل ليبنتز بذلك مشكلة الخلق المستمر عند ديكارت، وحل مشكلة التفاعل بين الجواهر فيما حافظ على انسجامها التام دون تدخل إلهي مستمر.

هناك **ترتيبة هرمية للمونادات**، فبعضها أرقى من الآخر في الوضوح والتميز اللذين يعكسان من خلاله العالم؛ وكل موناد يرى العالم من وجهة خاصة به، وفي الوقت نفسه يحمل مشروعه المرسوم مسبقاً إلى الأبد، فلا توجد علاقات بين الجواهر، لأن كل جوهر يشتمل على محمولاته جميعها منذ الأزل إلى الأبد.

يستدعي الكلام الأخير القول إن كل إنسان يحمل مشروعه المصمم مسبقاً. فأين حرية الإرادة ومفهوم الثواب والعقاب في الديانات السماوية؟

الخلق عند ليبنتز عمل حر من الله يستدعي ممارسة حرية الإرادة. أما القدرية المرسومة للمونادات فنابعة من طبيعة الله نفسه، وذلك في سياق خلقه أفضل العوالم الممكنة. ولكن لماذا تحدث بعض الأمور ولا تحدث غيرها؟

يفسر ليبنتز ذلك بتجمع المونادات على أكبر شكل وأكمل صورة ممكنة، ومن خلال هذا الصراع والانسجام معاً تتشكل المواد؛ أي أنها تتشكل على نحو منطقي ومن دون مساعدة من الله. وهكذا أصبحت المونادات حرة في أثناء تشكلها المنطقي والوجودي.

ولإعطاء أكبر حرية ممكنة للمونادات، رفض ليبنتز الخلاء لإعطاء الفرصة للإبداع في خلق المادة. فكلما كبرت أعداد المادة أتيحت لله فرصة أكبر ليمارس حكمته وإبداعه في الكون، ومتى انعدم الخلاء اتسع المكان لأعداد أكبر من المونادات.

عند نيوتن المكان المطلق من صفات الله، فهو عضو الحس عند الله ولذلك احتاج نيوتن المكان ممتلئاً بالأثير كي يرصد الله أي حركة كما ترصد سمكة القرش ضحيتها في مياه المحيطات. إذاً، المكان مستقل عن المادة ومتصل ولا نهائي.

أما عند ليبنتز، فإن المكان المطلق هو خرق لقانون اللاتمايزات. فإذا كان المكان مطلقاً فهو متجانس. فلماذا، إذاً، خلق الكون هنا وليس في مكان آخر. وبناءً عليه، فإن المكان ليس مطلقاً، بل هو محدود.

إن وجود العالم ممكن إذا لم يتعارض مع قوانين المنطق، فهناك عوالم ممكنة لامتناهية في العدد، ولكن الله خلق أفضلها وهذه فكرة مستمدة من فكرة برونو عن الأكوان اللامتناهية في العدد.

إذاً، لماذا هناك خير وشر في هذا العالم؟

يجيب ليبنتز: لأن حرية الإرادة ضرورية ليصبح الإنسان مسؤولاً عن أفعاله وليستحق العقاب على أعماله الشريرة.

نظرية المعرفة عند ليبنتز

أعطى ليبنتز أهمية كبيرة للمنطق والرياضيات في دراسة العالم الطبيعي والميتافيزيقا. اشتغل في المنطق الرياضي، وعزف عن نشر اكتشافاته لأنها أثبتت بطلان قياس أرسطو في بعض الأمور، إذ كانت شهرة أرسطو وسطوته آنذاك أكبر من أن تطالها أعمال ليبنتز. وبالرغم من ذلك كان يطمح إلى أن يتوصل إلى نوع من الرياضيات والحساب يقوم مقام التفكير، فتصبح عند ذاك قضايا الميتافيزيقا والأخلاق قابلة للتعقل على النمط الرياضي والهندسي الدقيق(16).

الموناد جوهر بسيط غير منقسم لا متناه في العدد وغير ممتد، بذلك فإن الامتداد ليس ماهية إنما صفة من صفات الأجسام، والمكان هو علاقة بين الأجسام.

والمادة الأولى هي عنصر لا متمايز فسّر به ليبنتز وجود الإدراكات المختلطة، ووجود الامتداد والمكان والزمان على المستوى الظاهري.

والتصورات جميعها أصلها بسيط؛ قليلة العدد تتوالد بفضل التركيب. والتفكير هو كشف الغطاء عن كل العلاقات الموجودة بين التصورات البسيطة.

الأفكار الفطرية، كفكرة الله، هي فكرة إما بسيطة تنطلق

---

(16) B. Russell, *History of Western Philosophy,* New edition, London, 1961, p. 572.

من الذهن مباشرة بحاسة واحدة، أو هي فكرة مركبة حينما يعمل الحس والفكر معاً.

المعرفة فطرية ومكتسبة معاً وتجمع بين الحدس (الرياضيات) والاستدلال (المنطق) والحس (الفيزياء). فالأعداد مثلاً فطرية، ولكن لا يمنع ذلك تعلمها لتخرج من حال القوة إلى حال الفعل.

نجد عند ليبنتز مستويين معرفيين، هما:

1) مستوى الحقيقة الميتافيزيقية المطلقة (عالم المونادات)، ويخضع لقانون العلة الغائية.

2) مستوى الظواهر الطبيعية والأجسام المادية، ويخضع لقانون العلة الفاعلة.

وهذا تقليد فلسفي منذ بارمنيدس: عالم الحقيقة وعالم الوهم المحسوس.

تقوم فلسفة ليبنتز على مبدأ الانسجام الأزلي، فيما تقوم عند ديكارت على استخدام العقل السليم وقواعد المنهج. ولكن قواعد المنهج عند ديكارت تدخل في صلب مشروع ليبنتز المعرفي، من حيث وضوح الأفكار وتميزها.

فهناك تفاوت في مستويات المعرفة عند المونادات، فالموناد الأول فيه مادة أولى تحد من قدرته على الإدراك الواضح والمتميز، ولكن المونادات ترتقى إلى أحوال أكثر وضوحاً وتميزاً وإدراكاً، وتتجمع المونادات في مركبات تتميز بخواص الموناد السائد، كحال الجماد والنبات، ثم ترتقى

185

إلى أرواح، أي وحدات واعية تُعبّر عن ميولها بالغريزة والشعور (حيوانات)، ثم تصبح أرواحاً عاقلة؛ أي تصبح وحدات واعية وعاقلة تعبر عن ميولها بالرغبة الواعية وغير الواعية (الإنسان) وتسعى عند ذاك صوب الكمال الإلهي (أثر الفارابي).

ختاماً، نضع مقابلة في غاية الأهمية بين أنطولوجيا ليبنتز المثالية الذرية والأنطولوجيا المادية الذرية، كما وضعها صادق جلال العظم [17]، مع بعض الإزاحات والإضافات، وذلك لإبراز هذا الصراع التاريخي بين المادية والمثالية:

---

(17) صادق جلال العظم، دفاعاً عن المادية والتاريخ، ط1، بيروت: دار الفكر الجديد، 1990، ص 53 - 54.

المشروع المادي الذري	المشروع المثالي الذري
الذرة	الموناد
الذرة موضوع مفرد محمولاته ممتدة دفعة واحدة في المكان.	الموناد ذات مفردة أحوالها ممتدة على التوالي في الزمان.
الذرة كم لا يتجزأ قائم بذاته.	الموناد كيف لا يتجزأ قائم بذاته.
الذرة صلبة تماماً لا فراغات فيها تسمح بإنقسامها.	الموناد روحية تماماً لا فراغات فيها تسمح بإنقسامها.
الذرة متحركة بذاتها.	الموناد فيه طاقة داخلية ويعبر عن ميوله بالدفع.
الذرة جوهر لا يفنى.	الموناد جوهر لا يفنى.
الذرة ساكنة داخلياً متحركة خارجياً.	الموناد متحرك داخلياً ساكن خارجياً.
الذرة لا ترتبط بغيرها من الذرات إلا بعلاقات خارجية مباشرة.	الموناد لا يرتبط بغيره من المونادات إلا بعلاقات داخلية غير مباشرة.
الذرة خاضعة في حركتها لقانون العلة الفاعلة فقط.	الموناد خاضع في حركته لقانون العلة الغائية فقط.
الذرة تفعل في جميع الذرات الأخرى وتنفعل بها.	الموناد يمثل جميع المونادات الأخرى كما تمثله هي أيضاً.

أهم أعماله:

* أطروحة حول تصحيح الفهم (1661 - 1677).

* أطروحة في اللاهوت والسياسة (1970).

* الأخلاق (1633 - 1675، ونشرت عام 1677).

* كتاباته في اللاتينية في أربعة مجلدات.

سبينوزا

(1677 - 1632)

ولد بينيدكت سبينوزا في مدينة امستردام، عاصمة هولندا، لعائلة يهودية متعصبة، ودرس في فترة مبكرة فكر ابن ميمون (1135 - 1204) الطبيب والفيلسوف القرطبي وغيره من مفكري اليهود.

إن تأثر سبينوزا بفكر ابن ميمون يعني تأثره بالفكر العربي الإسلامي، لأن ابن ميمون كان عربي الثقافة واللسان والقلم، بالرغم من مذهبه اليهودي، فقد عاش أغلب حياته في قرطبة العربية، ثم انتقل إلى القاهرة بعد سيطرة الموحدين الذين لم يعد يتسع صدرهم للفلسفة، سواء صدرت عن مسلم كابن رشد، أو عن يهودي كابن ميمون.

تعود أصول سبينوزا إلى إسبانيا أو البرتغال، حيث هرب أجداده من هناك خوفاً من محاكم التفتيش التي ولدت وترعرعت بعد أفول حكم المسلمين. وقبل أن ينشر أعماله المهمة تبرأ منه يهود عصره وحاولوا قتله لأفكاره المتطرفة،

التي جلبت له تهمة الإلحاد والطرد من ملته، فاشتغل في صناعة العدسات الطبية، وصادق بعض البروتستانت الذين لا يرتبطون بأي نوع من الكهنوت.

كان مولعاً بالعلم والرياضيات شأنه شأن فلاسفة عصره، وله بحث علمي عن قوس قزح والطيف الشمسي الذي حلله إسحق نيوتن بالتفصيل فيما بعد، وشرع في كتابة باكورة أعماله "أطروحة حول تصحيح الفهم الإنساني"، عام 1661، بتأثير من ديكارت، وأيضاً جاءَت في مضمونها نقداً له.

وقد تأثر سبينوزا بكتاب ابن ميمون "دليل الحائر"الذي يُوّفق بين اليهودية والمذهب الأرسطي، فيما تأثر ابن ميمون نفسه بابن سينا وابن رشد، واتفق مع ابن رشد من حيث إن قراءَة الإنسان المؤمن العادي لأعمال أرسطو قراءَة مباشرة سوف تضر بإيمانه، لذلك اقتضى تأويل أرسطو.

كذلك رأى ابن ميمون أن الاستخدام المجازي للنصوص الدينية ضروري لأن فهم الإنسان العادي بسيط، أما خاصة الناس فهم بحاجة إلى الدين والفلسفة معاً. وكأننا أمام ابن رشد في قوله إن الفلسفة هي دين الخاصة أما الشريعة فهي دين العامّة.

لقد اشتغل ابن رشد وابن ميمون، وتوما الأكويني من بعدهما، في التوفيق بين الفلسفة والشريعة (الإسلامية واليهودية والمسيحية)، إذ جعل توما الأكويني أفكار أرسطو

في التمييز بين "المادة والصورة" وبين "الجوهر والعرض" وبين "الوجود بالقوة والوجود بالفعل" كأساس لفلسفته كلها.

وعليه، فإن فكر سبينوزا ممتد في عمق التاريخ، وعلى نحو ما تأثر سبينوزا بغيره من المفكرين في التاريخ إلا أن أثره كان كبيراً في الفلسفة الحديثة. فمثلاً، بالرغم من أن ليبنتز يدين بالفضل الكبير إلى سبينوزا إلا أنه أخفى علاقته به خوفاً من أن يطاله سوء. فما هي المحطات الرئيسة لفلسفة سبينوزا التي ألهمت ليبنتز وغيره من الفلاسفة؟

شرع سبينوزا عام 1661 في كتابة "أطروحة حول تصحيح الفهم الإنساني" الذي نقد فيه ديكارت، ثم شرع في كتابة عمله الأهم "الأخلاق" عام 1663 الذي أتمه في عام 1675، لأنه انشغل خلال تلك الفترة في كتابة أطروحة في الدفاع عن حرية الفكر والقول (نشرت عام 1670). وقد صَدمت أطروحته الأخيرة المتعصبين الذين ردوا عليه بعنف. كما كتب أطروحة في السياسة، ولكن الموت أدركه قبل إنجازها، فنشرت غير مكتملة.

أهم أعمال اسبينوزا هو كتاب "الأخلاق"، الذي نقد من خلال دراساته المتعددة "العهد القديم" من الكتاب المقدس، ووضع نظرية في السياسة مستمدة أصلاً من توماس هوبز، وقام بتطويرها، وسعى إلى تأويل النصوص الدينية لتنسجم مع آرائه الليبرالية وطموحات التيار التحديثي الصاعد.

سعى سبينوزا لمعرفة حقيقة الأشياء آملاً أن يتعلم كيف يتصرف على نحو أخلاقي يضمن له الحصول على بركة الله ورحمته. فانطلق من المادة ووضع تعريفاً لها بوصفها "ما يوجد في ذاته ويدرك من خلال ذاته ولا يعتمد في وجوده على أي شيء خارجه"، وبهذا التعريف لم يجد سوى الله كي يعطيه خاصية إدراك وجوده من خلال ذاته؛ الله أو الطبيعة هما أمر واحد، لأن فكرة خلق الله للعالم كمادة مختلفة عن ذاته توقعنا في تناقض.

وهي الفكرة ذاتها التي شغلت بال الرازي، واعتبر أن الله لا يستطيع الإبداع فجأة من العدم فاقترح فكرة القدماء الخمسة (الله والنفس والهيولي والزمان والمكان)؛ كما شغلت بال المعلم الثاني - الفارابي - حيث أنتجت فكرة صدور المادة، التي يتألف منها عالم الكون والفساد، عن الله الخالد اللامتناهي إشكالية؛ من حيث اختلاف خصائص كل منهما، فاستخدم فكرة الفيض الأفلوطينية وسعى إلى حل الإشكالية من خلالها.

أما الفرق بيننا وبين الله، عند سبينوزا، فيتمثل في أن صفات الله لامتناهية بينما نحن لا ندرك من الأشياء سوى خاصيتين من خواصها فقط، هما: الفكر والامتداد. فالجسم الإنساني هو نمط من أنماط الامتداد؛ وبذلك اجتنب سبينوزا

بذل الجهد في البحث عن طبيعة العلاقة بين النفس والجسم أو عن ماهية العلاقة القائمة بين الفكر والامتداد[18].

مستويات المعرفة ثلاثة عند سبينوزا، وهي:

المستوى الحسي (ويسمها بأنها معرفة غير يقينية)، المستوى العقلي الاستدلالي، والحدس الذي يدرك جوهر الأشياء، وهو من قدرات الله وحده.

فيما بدأ ديكارت من الفكر ليثبت وجود الله، بدأ سبينوزا من طبيعة الله؛ لأنه رأى أنها أسبق أنطولوجياً ومنطقياً. وطالما رأى ديكارت في تعريفه الثاني للجوهر أن كلا الجوهرين الفكر والامتداد لا يعتمدان على غيرهما من المخلوقات، إنما يعتمدان على الله؛ إذاً، هما صفات وليس جواهر.

فالجوهر عند سبينوزا هو ما يوجد في ذاته ويُدرك بذاته (كموقف أرسطو)، أي ذلك الذي لا يحتاج في تكوين تصور له إلى تصور أي شيء آخر. إذاً، هو واحد، وهو علة وجوده، وماهيته تتطلب وجوده؛ هو الله.

ويتجلى الله عند سبينوزا عبر خواصه وأحواله، أما الإنسان، بوصفه ذاتاً مفكرة، مثلاً، فهو حال من أحوال الجوهر الإلهي.

---

(18) D. Collinson & K. Plant, *Op. Cit.*, P. 95, 96.

وخصائص الجوهر أنه لامتناه، فيه صفات لا متناهية، ولكننا لا ندرك منها إلا الفكر والامتداد؛ هو أزلي وضروري الوجود، فالله بوصفه فكرة لا توجد مستقلة بذاتها عن موضوعها، إذ إنه يشكل وحدة واحدة مع موضوعه: الطبيعة.

فالله، من حيث هو فكر، هو الطبيعة الطابعة، ومن حيث هو امتداد، هو الطبيعة المطبوعة. والخصائص المشتركة بينهما هي الوجود الضروري والأزلية واللانهائية والشمولية.

فالفكر والامتداد يعبران عن جوهر واحد، إنما منفصلان، فطوراً ندرك الجوهر كفكر (الله) وتارة أخرى ندركه كامتداد (الطبيعة).

صفات الجوهر: "ما يدركه العقل في الجوهر مكوناً لماهيته"، فإذا وجدت الصفة وجد الجوهر، وإذا غابت الصفة غاب. فالصفة هي الجوهر ذاته.

وأحوال الجوهر عند سبينوزا هي مكونات الكون الجزئية التي تفتقر إلى الضرورة، أما وجود الكون فهو ضرورة تتطلبها طبيعة الله، كما أن الدائرة وتساوي أنصاف أقطارها ناجم عن طبيعة الدائرة.

أما بشأن العلة الخالقة، فيقول: لكل معلول علة، وعلته جزئية مثله، وهكذا إلى ما لا نهاية. فألغى سبينوزا دور الله، وأبطل المعجزات التي طغت على الفكر الغيبي في عصره، وما تزال. ورفض فكرة أن الأنبياء يمتلكون قوى خارقة، بل

يرتقي عقلهم إلى مرتبة العقل الفعّال، وهي المرتبة نفسها التي يصلها الفيلسوف[19].

وهي أفكار مألوفة، وبخاصة عند الفارابي عندما حدثنا في نظرية النبوة عن رئيس المدينة الفاضلة، واستعداده الصوفي ليسمو بمخيلته إلى درجة العقل الفعّال، في أثناء النوم واليقظة؛ فعند ذلك المستوى من المعرفة يستمد النبي الوحي والإلهام برؤى صادقة. وبذلك يكون قد رد الفارابي على الرازي وابن الراوندي في رفضهما للوحي والنبوة.

وقال سبينوزا في التشخيص (الشخص الإلهي):

لو نطق المثلث لقال إن الله على صورته مثاله.

بمعنى أن الإنسان قد أسقط صورته على فكرة الله وجعله على صورته ومثاله.

لا ريب أن سبينوزا لم يعطِ وظيفة لله، بل آمن بقدرات الإنسان العقلية اللامحدودة، وهنا تكمن أهميته بالنسبة للفكر المادي بصورة عامة.

ولتدعيم أركان فلسفته؛ أزال سبينوزا كل ما يعارض مفهوم وحدة الوجود، فحرية الإرادة الإلهية فكرة عقيمة؛ لأن حرية إرادة الله تعني أنه يحتاج بإرادته إلى سد حاجة ما أو إضافة أو نقصان، وهذا يتنافى مع طبيعة الله الكامل.

(19) جان جاك شوفالييه، تاريخ الفكر السّياسي: من المدينة الدّولة إلى الدّولة القوميّة، ص 323.

عند ديكارت، هناك جواهر ثلاثة، هي: الله الروح
والمادة؛ خلق الله الروح والمادة وبإمكانه خلقهما أو
إفناؤهما في أي لحظة (فكرة الخلق المستمر). وكل من الروح
والمادة مستقل عن الآخر: الروح صفتها الفكر والمادة صفتها
الامتداد. أما عند سبينوزا فإن كلا الروح والمادة صفات لله،
مرتبطة به ويشكلان الوجه الآخر له، فلا وجود لخلود النفس
بل اتحاد مع الله.

رأى سبينوزا أن الخلاص الفردي بعد الموت مجرد
وهم، فالروح البشرية فانية في الله، وأن فكرة الإنسان عن
الإله الخالد في وحدة وجوده مع الطبيعة؛ هي التي تجعله
يظن أن خلود نفسه ممكن.

يتجلى المذهب العقلي عند سبينوزا في وصوله منطقياً إلى
نتائجه الفلسفية، إذ اعتقد أن طبيعة الحياة الإنسانية والعالم
يمكن الاستدلال عليها من مقدمات بديهية وواضحة (Self-
evident)، وبما أن القضايا كلها تتكون من موضوع واحد
ومحمول واحد، فإنه يستدل من ذلك أن العلاقات المتعددة
والتعددية التي تتبدى لنا في هذا العالم مجرد وهم، وأن
الشر الذي يصيب الإنسان إنما جذوره ممتدة منذ الأزل إلى
الأبد، رهو شر يصيب الفرد و ...، فربما يكون خيراً على
الآخرين، وهو في جوهره تعبيرٌ عن الانسجام التام في الكون
منذ خلقه الأزلي إلى أبديته.

الحالة الطبيعية عند سبينوزا أنه لا يوجد خير أو شر في

ذاته، ولا وجود لما هو صواب أو خطأ، فحتى الزلازل، التي يمكن أن يعتبرها البعض شراً، ربما تكون ذات نفع لبعض الناس في البناء والإعمار بعد حدوث الكارثة.

وعليه، فإن فلسفته الأخلاقية تصل إلى مفهوم الضرورة، وهي مرتبطة بما توصلت إليه علوم القرن السابع عشر من قوانين طبيعية صارمة تحكم الطبيعة والإنسان معاً.

الكل خاضع للضرورة المنطقية المطلقة، فالموجود الوحيد هو الله اللامتناهي، فلا وجود لحرية الإرادة في العالم الطبيعي، فكل ما يحدث هو تجلٍ لطبيعة الله. وما نظن أنه خير قد يكون شراً، والعكس صحيح.

طور سبينوزا في الميتافيزيقا الديكارتية، أما في سيكولوجية العواطف (Passions) والإرادة فكان هوبزياً، بينما في الأخلاق كانت أعماله أصيلة.

نظريته في العواطف تدّعي أن عواطفنا تحجب رؤيتنا الحقيقية للوجود بوصفه كلاً. إذ يزداد الحقد بين الناس بتبادله مع الآخر، ولا يمكن كسره إلا بمشاعر الحب.

ومصدر العواطف ناجم عن رغبة الإنسان الجامحة للحفاظ على حياته، ولكن هذه النزعة الإنسانية ما تلبث أن تتغير عندما ندرك أن ما هو حقيقي وخيّر فينا؛ هو ذلك الذي يوحدنا مع الكل؛ وليس ذلك الذي يكرس ما يظهر لنا بوصفه أجزاءً منفصلة عن هذا الكل. تظهر الشرور فقط عندما ننظر إلى أجزاء العالم كأنها مستقلة (Self-subsistent).

أسس سبينوزا فلسفته الأخلاقية على فكرة أننا جزء من العالم، وافترض أن العالم ليس معرّضاً لعلل خارجية إنما علله نابعة من داخله، ولذلك لن يصيبنا أذى. أما إذا شعر الإنسان بإنفصاله عن الطبيعة (الكل) فإنه يقع أسير العبودية، ولن يتحرر من عبوديته إلا إذا فهم حقيقة الكل.

يرفض سبينوزا فكرة أن حب الإنسان لله تستدعي أن يتطلع الإنسان إلى أن يحبه الله بالمقابل، لأن تطلع الإنسان إلى ذلك الحب يصيبه بالألم والقلق الذي لا يتوقف إلا بموته.

مَنْ يفهم نفسه وعواطفه فهماً واقعياً، ويحب الله حباً عقلياً من خلال الفكر، فإنه سوف يفهم الحقيقة ويمتلئ قلبه فرحاً Joy)؛ والفرح أعلى مرتبة من المتعة (Pleasure) وأرقى.

سبينوزا: "إن محور الفلسفة هو المعرفة العقلية، والمعرفة هي القوة والحرية والطريق الوحيد إلى السعادة".

وهذا يذكرنا بأعلى مراتب السعادة في الفلسفة الإسلامية المثالية (الفارابي، مثلاً) والتي تتحقق عند درجة العقل المستفاد، أو درجة الفيض والإلهام، حيث يصبح العقل جاهزاً لتقبل الأنوار الالهية باتصاله مباشرة مع العقل العاشر (فلك القمر)، وهو نقطة الاتصال بين العالمين العلوي والسفلي، وبذلك نصل إلى أعظم سعادة ممكنة (المعرفة النظرية الميتافيزيقية)، وهي أسمى غاية تنشدها العقول

الإنسانية، إذ تتحرر النفوس من كل شيء مادي وتلتحق بالعقول المفارقة الخالدة (نظرية الاتصال).

إن مصدر الخطأ الذي يرتكبه الإنسان فعل عقلي صادر عن الإنسان نفسه وقراراته الحكيمة أو المتهافتة. فالرجل الحكيم يرى العالم من المنظار نفسه الذي يراه الله في كليته وخلوده. والجهل وحده هو الذي يجعلنا نفترض أنه بإمكاننا تغيير المستقبل الذي هو حتمي كما هو حال الماضي. لذلك، فإنه يزدري الأمل والخوف من المستقبل.

أراد سبينوزا أن يحرر الإنسان من الخوف الناجم عن فكرة الموت، لذلك نادى بأن الإنسان الحكيم لا يقضي وقته خائفاً من الموت، بل يتأمل في الحياة ويتفكّر. وقد ظل سبينوزا قبيل لحظات موته الأخيرة هادئاً يتحدث كعادته عن موضوعات تهم مستمعيه، رغم أنه توفي شاباً عن عمر لم يناهز الخامسة والأربعين. لقد دمج الفكر بالممارسة دمجاً تاماً.

وفي فلسفته السياسية رفض الثورة على الحكومة حتى لو كانت سيئة، وهو في ذلك متأثر بالحرب الأهلية الإنجليزية (ثورة كرومويل)، ولذلك يتفق مع نظرية هوبز المتمثلة في رفض الديمقراطية، ولكنه يرفض فكرته في تضحية الرعايا بحقوقهم كلها للحاكم، ويركز على أهمية حرية الرأي وإناطة التفاسير الدينية بالدولة وليس بالكنيسة.

توماس هوبز
(ت 1679)

ولد هوبز لوالد قسيس محدود الثقافة فقد وظيفته مبكراً في المؤسسة الدينية، فقام عمه بتربيته. انتظم في الدراسة الجامعية في أكسفورد عندما بلغ الخامسة عشر حيث درس المنطق وفلسفة أرسطو، وبعد تخرجه أصبح أستاذاً لأحد الشخصيات وسافر معه إلى أوروبا، فاطّلع على أعمال كبلر وغاليليو وغيرهما؛ لم تكن أوروبّا، آنذاك، منعزلة عن بعضها البعض وكان النشاط العلمي والفلسفي والرياضي يتعاظم عند مفكريها.

اتّصل توماس هوبز بفرانسيس بيكون وهو في إنجلترا، وعندما تجوّل في أوروبا دخل في نقاش علمي في باريس مع علماء عصره، وفي إيطاليا، التقى غاليليو بالذات، عام 1636، فأعجب هوبز بمنهج الرياضيات والفيزياء وتطبيقاتهما بوحي من إنجازات غاليليو، فأنجز نظرية في السياسة أكثر حداثة من نظرية ميكيافللي التي سادت الأوساط الفكرية آنذاك.

هرب هوبز إلى باريس لمدّة 11 سنة قُبيل الحرب الأهلية الإنجليزية، التي توقع اشتعالها وهو يدرس في أكسفورد[20]، مما يدل على تأجّج الأوضاع السياسية والاجتماعية التي هَيّأت للثورة آنذاك.

وعَى هوبز اصطدام الملكية مع الطهريين (Puritans) (فئة من البروتستانت مغالية في فهم الكتاب المقدس) والبرلمان. ثم عاصر حكم شارل الأول[21] الذي استطاع البرلمان، عام 1628، أن يفرض شروطه عليه. حاول هوبز إبراز مساوئ الديمقراطية وهو يرى الفوضى على وشك الحدوث، وعندما شعر باقتراب اندلاع الثورة الإنجليزية هرب إلى فرنسا، وما هي إلا بضع سنوات حتى اندلعت الثورة التي تنبأ بحدوثها.

وخلال فترة إقامته في باريس، شرع في دراسة هندسة إقليدس، واطّلع على كتاب ديكارت "التأملات"، قبل أن يُنشر، وكتب عليه اعتراضات نشرها ديكارت فيما بعد مع الردود. ثم قفل بعدها عائداً إلى إنجلترا.

يمكن وصف عصر هوبز بعصر الإيمان الشّعبي والغليان الاجتماعي- السياسي، إذ كان يدور أغلب النّقاش بين الفئات الدينية المتعددة حول الدين وتفسير الكتاب المقدس.

---

(20) D. Collinson & K. Plant, *Op. Cit.*, P. 49.

(21) شارل الأوّل (1625-1648)، الملك الإنجليزي الّذي أُعدِمَ في ثورة كرومويل.

كان الفلاسفة أقلية ولم يشكل فكرهم مداً جماهيرياً بعد، وذلك مقارنة بالقرنين اللاحقين، القرن الثامن عشر، الذي تتوَّج بالثورة الفرنسية، والقرن التاسع عشر،الذي شهد الثورات الجماهيرية والعمالية؛ وهما القرنان اللذان أُطلق عليهما عصر التنوير الأوروبي.

ففي عصره، قامت الحرب الأهلية الإنجليزية عام 1643، خلال وجوده في فرنسا، كما عاصر حلّ الملك للبرلمان، فثورة كرومويل[22] (Cromwell)، التي نجم عنها قطع رأس الملك، وإعلان الجمهورية[23]. وبعد انتهاء حكم كرومويل- وتأسيس جمهورية الطهريين التي انتهت بالديكتاتورية - عاصر هوبز عودة الملكية مجدداً.

كان هوبز من أنصار الملكية، وخصص الملوك له راتباً تقاعدياً، وبالرغم من ذلك كان البرلمان يناصبه العداء لدعوته إلى الملكية المطلقة، ومنعه من نشر كتبه، واتهمه بأن إلحاده قد سبب الحريق الكبير الذي شب في لندن بسبب غضب الله.

فلسفته في السياسة

عندما نشر هوبز كتابه "التنين" عام 1651، أزعجت

---

(22) كرومويل قائد الثّورة الّتي أطاحت بالملكيّة الإنجليزيّة (1648-1652).

(23) جان جاك شوفالييه، م . س، ص 321، 322 .

عقلانيته الكثيرين، وانزعجت الحكومة الفرنسية من هجومه على الكنيسة الكاثوليكية، فقفل عائداً إلى لندن وأعلن خضوعه إلى قائد الثورة كرومويل، ولكنه لم ينخرط في العمل السياسي، إنما ظل هوبز يسخر من الفوضى، فقد كان مثل الثورة الإنجليزية بقيادة كرومويل والفوضى التي تلتها ماثلاً أمامه.

أرسى هوبز في كتابه "التنين" دعائم الدولة المدنية، وحارب الاعتقادات التقليدية والسحر والأرواح وهزئ من النصوص الدينية التوارتية، ومن فكرة النبوة، ورماها بالوهم، كما فعل الرازي وغيره في تاريخنا.

وجه هوبز سهامه إلى الكنيسة الكاثوليكية في روما وصوب فلسفة أرسطو التي اعتنقتها الكنيسة؛ وربما كان في ذهن هوبز تجربة ملك إنجلترا هنري الثامن الذي امتلك قوة أعظم من أي ملك إنجليزي سبقه، وذلك نتيجة انفصاله عن كنيسة روما.

رفض فكرة حرية الإرادة، إذ تُنجز الحرية في غياب أي إعاقة للحركة، ولذلك فإن فكرة الحرية تنسجم مع فكرته في الضرورة، وإن أي تجاوز للضرورة من قِبل الإنسان له أسباب تخضع لقانون الضرورة أيضاً. وعليه، فليست هناك حرية إرادة لأن هامش الحرية المتاح خاضع للضرورة أيضاً.

أمّا حرية الرعايا فتقع ضمن الحدود التي لا تخضع

لقانون وضعي، فأمرها مناط بالملك. ولذلك فهو يتحدث عن رعايا الملك وليس عن مواطنين في الدولة.

تمخض مشروع هوبز في رفض المرجعية الدينية كمصدر للمعرفة عن رفض التمايز بين الناس على أساس الخير والشر أو الطاعة العمياء للكنيسة وتعاليمها، فالناس يولدون متساوين في الحالة الطبيعية قبل تأسيس الحكومة المدنية. ومن خلال نزعة المحافظة على بقائه يسعى الإنسان للهيمنة على الآخرين، فيحارب الناس جميعهم بعضهم البعض وينعدم الأمان، فيهرع الناس بالاتفاق لتعيين حاكم عليهم وإبرام عقد اجتماعي فيما بينهم.

يقبل هوبز وجود البرلمان ولكن بشرط ألا يعيق عمل الملك ذي السلطات اللامحدودة، والذي يستطيع أن يستحوذ على أملاك الناس عندما يشاء، ولكن بشرط أن يحقق السلام ويحفظ أرواح الناس.

إن نظرة هوبز للديمقراطية نظرة غير تقليدية، حيث اقترح تعيين أعضاء البرلمان من قبل الملك، وهو الذي يقرر من سيرثه الحكم. فنظام الحكم الذي يقترحه هو نظام ملكي وراثي وبرلمان تابع له تماماً. ففيما رفض هوبز الطاعة العمياء للكنيسة، أخضع الناس للطاعة العمياء للملك.

ويقرر هوبز أنه لا يحق للرعايا الاعتراض على الخضوع المطلق للحاكم وقراراته المطلقة إلا عندما تتعرض حياتهم للخطر. إذ يرفض الرعايا الخضوع المطلق للحاكم فقط عندما

لا يستطيع حماية أرواحهم؛ وهكذا برّر هوبز خضوعه لقائد الثورة الإنجليزية كروموِيل عندما كان الملك الإنجليزي شارلز الثاني في المنفى.

والسلام عنده هو الخير الأسمى، لأنّه يقود إلى الأمن والاستقرار، وهو مطلب أساسي للبرجوازية في ذلك العصر؛ وللملكية أيضاً في تنافسها مع الممالك المجاورة بعد أن دمرت الحروب أوروبا. وتحقيق السّلام مرهون بالسيد القادر على منع الحرب.

لذلك، وفي مقابل التمتع بالأمن والسلام، لا نستطيع أن نضمن المُلكيّة، فقد يحتاج السيد إليها للقيام بمهمته في الحماية؛ إنه عصر تَميَّز بحاجة القوى الاجتماعيّة الصّاعدة إلى الأمن والاستقرار، في ظلّ دولة قويّة متماسكة لا تميّز بين الناس على أساس المذهب.

حاول هوبز تفسير الانتقال من الحالة الطّبيعيّة إلى المجتمع المدني بناءً على حاجة الطبقات الصاعدة إلى الحماية، فغريزتا حب الحياة وحب التملك تفرضان على الإنسان التنازل عن بعض حقوقه، لغاية "حفظ أملاكه" وحماية روحه وفتح الأسواق وضمان الطرق التجارية. ولكن إذا احتاج الملك لأملاك الناس فإنها مسخرة لخدمته.

ولأجل حماية روح الإنسان وحفظ أملاكه، دافع هوبز عن سلطة الملوك الإلهية، فوضع الملك فوق القانون والعقد الاجتماعي معاً، والسيد عنده يعلو فوق كل سلطة روحية،

وقد حصر واجباته تجاه ضميره وتجاه الله فقط، مع الخضوع لقوانين الطبيعة، كنشدان السلام، لأنها قوانين أخلاقية، والاعتراف أنّ الطبيعة خلقت الناس متساوين. وهدف ذلك تحقيق العدالة، وبث روح التسامح في المجتمع الناهض الذي أهلكته الصراعات المذهبية والولاءَات الخارجية.

وتمتد فلسفة هوبز السياسية إلى أوروبا، إذ دعى هوبز إلى اتحاد دولي (Common wealth) مسيحي الطابع يضم الدول الأوروبية، وذلك للحد من الحروب، ولكن هذا الاتحاد لا نفوذ للكنيسة فيه، إذ تخضع الكنيسة للحكم المدني ويكون الملك هو رأس الكنيسة. وهكذا هو حال إنجلترا اليوم، فبالرغم من أن الملكة إليزابيث اليوم هي رأس الدولة ظاهرياً وتأخذ راتباً سنوياً من الدولة، فإنها ما زالت على رأس الكنيسة الانجليكانية.

وجه برتراند رسل في كتابه "تاريخ الفلسفة الغربية" نقداً إلى هوبز لافتراضه أن طموحات المواطنين الأساسية متماثلة، فأغفل بذلك الصراع الطبقي والطموحات المتنوعة للطبقات. كما نقده من حيث إغفاله العلاقات الكثيرة والمعقدة بين الدول وحصر اهتمامه في علاقات الحرب والاحتلال وفترات الهدنة بينهم فقط، أي أنه أبقى على الحالة الطبيعية فيما يتعلق بالدول الأخرى، وبذلك يكون قد أغفل العمل الفلسفي الجاد الهادف لمنع الحروب على مستوى الدول التي ستؤدي في النهاية لدمار عالمي وشامل. وهذا ما سيشتغل به

الفيلسوف الألماني كانط في مشروعه لإقامة هيئة أمم متحدة لتنظيم هذه العلاقات.

نظريته في الدين

كان القرن السابع عشر عصر تطور صناعة الساعات واختراع الأجهزة العلمية، كالمقراب الفلكي والمجهر ومقياس درجة الحرارة ومقياس الضغط الجوي ومضخة الهواء، وعصر اكتشاف المغناطيسية من قبل جلبرت، واكتشاف قوانين الحركات الأرضية والسماوية (كبلر وغاليليو). وقد ساهمت الآلات في زيادة دقّة الملاحظة العلمية وإقامة التجارب - جنباً إلى جنب - مع الاشتغال بالرياضيات والجبر والهندسة واستخدام اللوغارتمات التي اكتشفها نابيير في النظر إلى العالم؛ بوصفه ساعة تعمل بدقة ميكانيكية متناهية. فالفلسفة التجريبية الميكانيكية لم تكن سوى نتاج ممارسات ذلك العصر النظرية والعملية التطبيقية.

ولكنْ، ماذا بشأنّ موقف هوبز من الدّين، وما علاقة ذلك بمبدأ السببية الميكانيكي؟

كان عصر هوبز عصر المناقشات حول سلطات الملك، وتفسير الطهريين للكتاب المقدس في مواجهة الكنيسة والملك؛ عصر فُسِّر فيه العالَم النفساني والعالم الأخلاقي والعالَم السياسي، انطلاقاً من الحركة، تماماً كما فُسِّر العالَم

الطبيعي[24]؛ فقد سيطر على هذه العوالم مبدأ السببية الميكانيكي.

لم يعد الدين مشروعاً أخلاقياً، فما ينسب إليه الصواب والخطأ هو نتيجة اللغة التي نحن صنعناها، فالعلم الحقيقي تتم ممارسته من خلال الهندسة (Geometry) والرياضيات.

والتعقل هو ممارسة ظنية تنطلق من مسلمات بديهية يتم تعريفها جيداً. ولا توجد أفكار فطرية في العقل كما أدعى أفلاطون، بل تنمو وتتطور بالتجربة.

وقد تتوّج ذلك، وفي ضوء الاكتشافات العلمية في ذلك العصر، ببناء هوبز الأنموذج الميكانيكي ،الآلة، الذي انعكس في الدولة العقلانية التي سمّاها " ليفايثان " - (Leviathan) التّنّين التّوراتي. لقد سيطرت "الآلة" والحركة "الميكانيكية" على فلسفة ذلك العصر وانعكست فيه.

يحمل "تنين" هوبز السيف بيمناه، وعصا الكنيسة الإنجليزية الانجليكانية في اليد اليسرى. رضي هوبز بالدين كواقع موضوعي، ولكنه تساءل عن صاحب الحق في تفسير الكتاب المقدّس!

ربّما يكون قد نظر إلى الدين على أنه صورة نفعية من صور التماسك الاجتماعي، وذلك بهدف تدعيم الروح الوطنية وتعزيزها بين الناس[25]، وبخاصة في ضوء الحروب الأهلية

---

(24) م . ن، ص 324، 353.

(25) إمام عبد الفتّاح إمام، توماس هوبز فيلسوف العقلانيّة، ص 403.

والحروب المذهبية بين الكاثوليك والبروتستانت والحروب التي استعرت في أوروبا آنذاك، وبخاصة حرب الثلاثين سنة التي انتهت باتفاقية وستفاليا (Westphalia) عام 1648، ولكنها لم تنهِ الحروب في أوروبا.

فَسَّر هوبز الدين بوصفه نتاج طموح الإنسان إلى المعرفة، ونتاج القلق والخوف البشريين. ففسر الإيمان بأسباب موضوعية، كحب الإنسان لمعرفة العلل، ولإدراك تراتب الحوادث والخوف والقلق وغيره. لم تعد هناك وظيفة للقلب مرتبطة بالدماغ أو بالمعرفة، فقد كشف وليم هارفي عام 1628 عن الدورة الدموية الكبرى، فغدا القلب مجرد مضخة تقوم بتوزيع الدم على الجسم، بما في ذلك الدماغ. فغدا جسم الإنسان، شأنه شأن العالم الطبيعي، يعمل كآلة ميكانيكية وحسب.

إنّ كل نشاط هو نوع من أنواع الحركة. ولمّا كان الفكر نشاطاً، فالفكر، إذاً، حركة. والحركة لا تكون إلاّ في جسم مادّي. ولا شيء حقيقي إلا وينبغي أن يكون جسماً. حتى الله نفسه هو جسم مادي. إذن، أصبحت مادية هوبز تُعرِّف الفِكر بدلالة المادّة.

أثار قوله إنّ الجوهر والجسم يعنيان شيئاً واحداً؛ ردوداً كثيرة من قِبل رجال الدين. وهي فكرة سبينوزا التي ألغت الجواهر الثلاثة (الله، الروح، الجسم)، فلم يعد هناك سوى

جوهر واحد هو الله، أما الروح والجسم، فغدت صفات لله لأنها تستمد وجودها منه.

بمعنى آخر، لقد اصطدم هوبز مع الدين التقليدي على نحو مغاير لسياسة ديكارت، الذي اجتنب الصراع مع الدين باستثناء الروح والله من دائرة العالم المادي. وقد اتهمه هوبز بالتملق للكنيسة. ولكننا نفهم الموقفين إذا أدركنا الاضطهاد الفكري في فرنسا مقارنة بإنجلترا، كما أشرنا سابقاً.

أمّا بشأن مسألة خلق الإنسان، فقد فسَّر هوبز الخَلق، كما ورد في سفر التثنية في الكتاب المقدس، بأن الله خلق الإنسان كائناً حياً على نحو مباشر، خلقاً جسمياً مادياً. وفسّر هوبز الآية 12: 23 "لكن إيّاك أن تأكل الدم، فإنه نفس فلا تأكل النفس مع اللحم"(26)، بأن الحياة والدم والنفس شيء واحد مادي ومتحرك. وهذا التفسير يُخرج النفس من دائرة الميتافيزيقا ويجعلها تهبط إلى العالم الأرضي المادي.

ويُنهي هوبز كتابه بقوله إنّه لم يقل فيه ما يُقلق الأمن العام، ولم يأتِ فيه بما يمكن وصفه بأنه ضد كلام الله! وهذا دليل على نفوذ الدين آنذاك، بالرغم من انتشار التسامح وقبول الرأي الآخر، ولكن الإلحاد لم يكن مقبولاً على الإطلاق.

اعتمد هوبز، وبشكل مكثف، على استشهادات من

(26) الكتاب المقدّس: العهد القديم، تث 1/ 321.

الكتاب المقدس، وذلك لإعطاء مشروعية لفكره، كما فعل بيكون من قبله. وبالرغم من اتهامه بالإلحاد، فلم يرَ هو أي تناقضٍ بين فلسفته المادية وإيمانه بالله، فالاثنان ينتميان إلى عالمين مختلفين.

ما نود قوله هنا: إنّ مرونة الدين سمحت لهوبز الاستشهاد بنصوصه لإثبات نظرياته المادية. وكما استطاع الماديون استخدام النظرية الذرية لإثبات ماديتهم، استطاع غيرهم استخدام الأدوات المادية للهجوم على المادية ولإثبات الأمور الميتافيزيقية[27]، كما سيفعل ليبنتز بإقامة نظرية ذرية مثالية قوامها الموناد الروحي.

نظريته في الوجود

يوجد الجسم الماديّ وجوداً حقيقيّاً مستقلاً عن فكرنا. أمّا الفكر، فهو حركة في جوهر داخلي هو الدّماغ، وليس من الأشياء الحقيقية[28]، ولكنه مادي ويخضع لقانون السببية،

---

(27) كان أبو الهذيل العلاّف أوّل المفكّرين الإسلاميّين الّذين استخدموا النّظريّة الذّرّيّة القديمة لدعم الاعتقاد بقِدَم الله وحُدوث العالم (حسين مروّة، النّزعاتُ المادّيّة في الفلسفة العربيّة الإسلاميّة، ط4، بيروت: دار الفارابي، 1981، جزءان، 1/ 710).

(28) تقول المثاليّة في نظريّة الوجود إنّه لا وجود حقيقي لجواهر ثابتة، مادّة كانت أم عقل، إنّما يرجع كلّ شيء إلى الفكر والظّواهر، فلا توجد أشياء، إنّما أفكار عن هذه الأشياء.

كحال المادة في الطبيعة التي تتكون من ذرات يحكمها قانون السببية[29].

استخدم علماء وفلاسفة القرن السابع عشر النظرية الذرية لترسيخ المادية، ولتفسير الظواهر الطبيعية والاجتماعية. وهذا ما سعى هوبز إلى تحقيقه. إذ سعى إلى إحياء النظرية الذرية، وإلى تطبيقها على المجتمع والإنسان؛ بوصف المجتمع مجموع الأفراد الذين منهم يتألف المجتمع.

كان هوبز صديقاً لغاليليو، وكان ذرياً بتأثير منه. حاول تطبيق النظرية على السياسة والاجتماع. إذ نجد نص قانون القصور، الذي توصل إليه غاليليو، منشوراً في مختلف جنبات كتاب هوبز "التنين". فمثلاً، عندما يقرأ المرء في فصل المخيّلة[30] (The Imagination)، يشعر بأنه يقرأ فيزياء غاليليو. ثمّ ينطلق هوبز لتطبيق هذا القانون على المجتمع والإنسان، وعلى عالمه الأخلاقي والمادي معاً.

فكيف يمكننا تفسير هذا التطور الفكري النوعي في ذلك العصر، وبخاصة في ضوء الاكتشافات العلمية التي شرعت في هدم منظومة أرسطو الفكرية وتصوره للكون على الأرض وفي السماء؟

---

(29) عبد الرّحمن بدوي، موسوعة الفلسفة، 2 /439، ص 120 ، 122.

(30) Thomas Hobbes, *Leviathan*, P.63.

لقد بدأ نظام بطلميوس[31] يتزعزع منذ وضع كوبرنيق نظرية ترتكز إلى مركزية الشمس. وفيما صدر كتاب كوبرنيق عام 1543، يوم وفاة مؤلفه، كان برونو يستعد لمواجهة مصيره المحتوم حرقاً على يد محاكم التفتيش.

لقد أدّى قول برونو إن الله موجود في الطبيعة، وإن الكون أزلي وإن هناك أكواناً متعددة، إلى افتتاح القرن السابع عشر بأول شهداء المادية الحديثة. كانت مسائل مركزية الشمس، ودوران الأرض حولها، ودورانها حول نفسها، تُشكل الشغل الشاغل للعلماء ، وكانت مسائل كثيرة لم تُفسَّر تماماً بعد، كمسألة لماذا يسقط الجسم، المقذوف عمودياً إلى أعلى، في مكانه، طالما أنّ الأرض تدور؟

وفيما سعى جاسندي[32] (Gassendi) إلى ترسيخ النظرية الذرية في أذهان الجماعة العلمية، كان ديكارت يحاول تفسير الظواهر الطبيعية كلها بواسطة تصادم الجسيمات. فالمشروع المادي، الذي هدفه إنشاء علم مادي للطبيعة، كان على أشدّه. كان ديكارت العالِم، يعمل جنباً إلى جنب مع ديكارت

---

(31) بطلميوس، فلكي إغريقي، جمع في منتصف القرن الثّاني الميلادي التّصوّرات الرّياضيّة الفلكيّة وأضاف إليها بحيث أصبحت الأنموذج الّذي ظل يشكّل محور علم الفلك حتّى القرن السّابع عشر الميلادي.

(32) جاسندي (1592-1655)، عالِم فرنسي، عمل أستاذاً جامعياً للبلاغة والرّياضيّات، واشتغل بعلِميّ الفلك والطّبيعة، ويعتبره البعض مؤسّس المادّيّة الحديثة.

الفيلسوف، لإعطاء مشروعية للعلم وآلياته. وجد ديكارت العلاقة بين الجبر والهندسة، وهو صاحب التّمثيل المشهور لنظام الإحداثيات الديكارتي، بحيث أصبح ممكناً ترجمة الجبر إلى هندسة، والعكس، فأصبح الاشتغال النظري بالعلوم يمتلك أدوات أكثر تطوراً؛ في هذا العصر عاش هوبز، ولغرض خدمة العلم قامت فلسفته.

جاء غاليليو، واستخدم المقراب الفلكي ليؤكّد، بالعين المجردة، مادية القمر والكواكب، وليقدِّم الشّواهد العينية التي تُدعِّم النظام الكوبرنيقي وتهزم البطلمي. كما دمّر نظرية أرسطو في الحركة، وأرسى قواعد عِلميّ الدّيناميكا والحركة (Dynamics & Kinematics) بالمفهوم الحديث.

وفيما قال كبلر إنّ كتاب الطبيعة يتألف من أعداد، قال غاليليو إنه مكتوب بلغة الرياضيات، وحروفه أشكالها هندسية. وقد وافقه في ذلك هوبز. فلم يكن العلم، آنذاك، يمتلك أكثر من أداتي الحساب والهندسة للتعامل مع الطبيعة. فكتاب إقليدس[33] (Euclid) الذي اشتغل عليه هوبز في فرنسا، وما وصل أوروبا من علمي الحساب والمثلثات عن طريق العرب، شكل أدوات العلماء المحدودة آنذاك. لذلك، نجد

---

(33) إقليدس [330 275 ق. م]، عالم رياضيّات إغريقي مشهور، وضع مبادئ الهندسة المستوية، الّتي اشتقّها من بديهيّات، في كتابه " المبادئ " (س. بورا، التّجربة اليونانيّة، ص12).

نيوتن يصوغ كتابه المشهور على أساس كتاب إقليدس وعلى شاكلته.

والحركة هي فقدان حيّز لاكتساب آخر، وهي تخضع لقانون القصور الذاتي. والسبب الكلي لجميع الأشياء هو الحركة. والحركة لا تكون إلا في جسم مادي؛ وبما أن كل نشاط هو حركة، وأن الفكر هو نشاط، فإن الفكر هو نشاط في جسم مادي لا غير.

والحركة في الطّبيعة حركة هندسيّة، وبواسطة الهندسة تنكشف طبيعة الكون والإنسان نفسه. ولكنْ، ما سبب الحركة؟

يجيب هوبز: لا سبب غير الحركة ذاتها. أمّا اتّجاه الحركة، فهو مُوجّه بِفعلٍ (Vectorial)، وليس له هدف أو غاية، إنما هناك حركة خارجيّة وأخرى داخلية، الأولى تنطبق عليها قوانين غاليليو، والثانية مثال حركة الكائن الحي (34).

إذن، لا يوجد سبب أو غاية من وراء الحركة.

لا شك في أن أعمال غاليليو في المقذوفات والحركة بشكل عام تُلقى ظلالاً واضحة على فلسفة هوبز. فالحركة واتجاهها وتأثير قوى خارجية على الجسم وعلاقة القوة باتجاه الحركة، كلها مفاهيم مرتبطة بأعمال غاليليو في الحركة، وبخاصة قانون القصور الذاتي الذي يكشف عن فهم

---

(34) م . ن، ص 149، 154.

دقيق لتحليل القوى التي تفترض الحركة الموجهة. وبهذه الطريقة استطاع غاليليو أن يفسر سبب سقوط المقذوف العمودي في مكان إطلاقه، وذلك بالرّغم من دوران الأرض حول نفسها.

أهم أعماله:

* مبادئ فلسفية في الحكومة والمجتمع (باللاتينية، 1642).

* التنين (1651).

* في الحرية والضرورة (1654).

* كتابات هوبز الإنجليزية مجموعة في أحد عشر مجلداً.

* كتابات هوبز اللاتينية مجموعة في خمسة مجلدات.

جون لوك
(1632 - 1704)

جون لوك، طبيب وفيلسوف ومستشار سياسي ملكي، كان أبوه وكيلاً قضائياً ذا عواطف طهرية. درس في أكسفورد وتخرج منها عام 1656 ثم عين فيها مراقباً لفلسفة الأخلاق خلال دراسته لماجستير الفلسفة فيها. ثم انطلق لدراسة الطب وأنجزها ولكنه لم يمارسها إلا قليلاً، وما لبث أن عاد للاشتغال بالفلسفة في أكسفورد.

رحل إلى هولندا قبيل الثورة الإنجليزية بعد اتهامه بالتآمر على الجمهورية ، ثمّ عاد إليها في عام 1689 بصحبة الملك الجديد وليم أوف أورنج.

أسس لنظريته في المعرفة من خلال كتابه "بحث في الفهم الإنساني" عام 1690، الذي قدم مساهمة بارزة للفلسفة الإمبريقية التي تلت الفلسفة العقلانية التي أسس لها ديكارت. ثم نشر كتابه "أطروحتان في الحكومة"، في العام ذاته، اعترض فيه على حق الملوك الإلهي وسعى لإثبات أن الناس كلهم يولدون أحراراً ومتساوين في الحالة الطبيعية.

نظرية المعرفة

رفض الأفكار الفطرية، ونادى بالتسامح الدّيني وقال إن العقل يولد صفحة بيضاء تكتب عليها التجارب بصورة تدرجية. وهو أبرز ما يتذكره الإنسان في فلسفة جون لوك، إلى جانب مواجهته الفلسفة العقلية التي رفعت من منزلة العقل إلى أبعاد عظيمة، فأعاد جون لوك العقل إلى طبيعته البسيطة التركيب التي تتطور معارفة بصورة تدرجية من الصفر، والتي تكون قدراته محدودة ومرتبطة بالانطباعات الحسيّة وتركيباتها.

قامت فلسفة ذلك العصر المادية الميكانيكيّة، في أبسط مقوماتها، على فكرة أن كل شيء في العالم يمكن اختزاله إلى ذرات. وهذه الذرات تتفاعل مع بعضها البعض عرضياً في الفراغ، بحيث لا يمس التفاعل جوهرها الذي يتسم بعدم الفناء. هذه اللاجدلية في العلاقات الذريّة التي تحكمها قوانين الميكانيكا هي الّتي وسمت تلك الفلسفة بالميكانيكيّة.

كان المنظور المادي الميكانيكي للعالم من خلال النظرية الذرية أمراً ممكناً، نظراً لأن البحث في النظرية الذرية وتطورها عبر العصور؛ شكّل دوماً رأس حربة تقدُّم العِلم وارتقائه عبر تاريخ البشرية، كما شاهدنا ذلك في فلسفة توماس هوبز من قبله.

وهكذا غدا العالم، من هذا المنظور، كساعة ميكانيكية،

تنظمها آلة دقيقة وتحكم حركتها، فلم يعد الله يتدخل في الكون مباشرة بطريقة الخلق المباشر، ولم يعد يهدده بالفناء في كل لحظة إذا شاء. هذه تغيرات سوف تجد ردات فعل شديدة من أصحاب النزعة الدينية المغالية. فماذا كان موقف الدّين من هذه المادّيّة؟

لا شك في أنّ مسألة الحركة الذاتية للذرات، التي تحكمها قوانين الميكانيكا الصارمة، قد خلقت مشكلة للفكر المدرسي فيما تتضمنه من مواقف مادية تَعزو حركة الذرات لعامل المصادفة من دون أي تدخل خارجي. لذلك، كان الفصل بين العالمين مشروعاً ضرورياً، كي تتمكن الفرْضيّات العلمية واكتشافاتها من سبر أغوار الكون من دون عوائق. فمهما ترتب على ذلك من تضارب مع العالم الميتافيزيقي وتبعاته، رأى فلاسفة القرن السابع عشر في إنجلترا أنهما ينتميان إلى عالمين مختلفين؛ فلم تنفِ مادية ذلك العصر العالَم الآخر، باستثناء مادّيّة هوبز إلى حدّ ما.

اعتبر جون لوك أنّ وظيفته الفلسفيّة تتمثّل في كنس النّفايات الفكريّة، العالقة في الأذهان والمعيقة لتقدّم المعرفة العلمية، التي بدأ نيوتن يصوغها في نظام شبه متكامل. ومن هذا التواضع الفلسفي انطلقت فلسفة جون لوك لتمهد الطريق أمام العلم الحديث.

تنازع ديكارت وهوبز حول أسبقية اكتشاف نظريّة الكيفيات الأولية والثانوية للمادة. الصفات الأولية (Primary

(Qualities هي الشكل والحجم والحركة والسكون، وهي التي تلازم الأشياء. أما الكيفيات المتغيرة، كالحرارة واللون .... إلخ، فثانوية (Secondary)، وهي ذاتية لا تؤلف علماً، وتحتاج إلى سند عقلي[35].

أصبح التفسير العلمي لأي ظاهرة يعني تحليلها إلى أبسط عناصرها، أي ذراتها، ومن ثم محاولة اكتشاف قوانين حركتها. والتجربة التي أجراها ديكارت على الشمعة، أثبتت أن الصفات الأولية للجسم هي الامتداد والحركة فقط. وجون لوك هو المسؤول عن نشر هذه النظرية وتطويرها وإكسابها الشرعية الفلسفية المطلوبة[36].

علّل لوك، فلسفياً، كيف يمكن أن يتقبّل العقل البشري فكرة اللامتناهي في مسائل متنوعة، كالمكان، والزمان، والعدد، ونحو ذلك. كما أخذ في تقريب الفكرة إلى الأذهان، فقد انتقد اعتقاد البعض السائد أنهم يعرفون الآخرة (Eternity)، ويؤمنون بها، فيما ظلوا يرفضون تملك فكرة المكان اللامتناهي! لذلك سعى إلى توضيح ذلك وترسيخه في الأذهان.

لقد رأى أنّ السبب في ذلك يعود إلى أن سواد الناس لا فكرة لديهم عن المادة اللامتناهية. فالمكان يمكن أن نتصوره

---

(35) إمام عبد الفتّاح إمام، توماس هوبز فيلسوف العقلانيّة، ص129.

(36) صادق جلال العظم، دفاعاً عن المادّيّة والتّاريخ، ص 44 - 45.

بمعزل عن المادة، أي أن وجود المادة ليس ضرورياً لوجود المكان، تماماً كما أن وجود الحركة، أو وجود الشمس، ليس ضرورياً لوجود الزمن. إذ إن الزمن يقاس بهذه الأشياء وحسب. وهو فيما ذكرناه يقدّم هنا نظريّات نيوتن، ويعمّمها، بأسلوب فلسفي مُحْكم.

زاوج نيوتن بين الفكر والواقع، فكان يقوم بتحليل الوقائع للوصول إلى نظرية رياضية، ثم كان يقوم بالملاحظة والتجربة لإثبات ما استنتجه منطقياً في البداية؛ وهذه منهجية قرأناها في فكر جابر بن حيان وفرانسيس بيكون وغيرهما. فمثلاً، نجد لوك يستخدم المهنجية ذاتها فيعتبر أن فكرة السبب والنتيجة قد تم بناؤها بفعل ملاحظة احساساتنا لها، وإنها ليست فكرة فطريّة فينا[37]. وبذلك نفى لوك وجود الأفكار الفطرية.

وبالرغم من ذلك، فهو يؤكد، في الفصل العاشر من الكتاب الرابع من مقالته المشهورة، إمكانية معرفة أن هناك إلهاً وضع فينا الحواس والإدراك والعقل، ولكن ليس المعرفة المسبقة. ويتدرَّج من قدرة الإنسان على معرفة أنه موجود، ليثبت وجود الله وقدرته اللامتناهية[38]!

ولكنه ينتهي إلى أن الأفكار الميتافيزيقية لا يمكن تعريفها.

---

(37) John Locke, *An Essay Concerning Human Understanding,* P.238.

(38) Op. Cit., PP. 527, 528.

فكيف يمكن للإنسان، الذي لا يفهم العمليات التي تجري في داخل عقله المحدود، من أن يفهم ماهية العقل اللامحدود[39]؟

وهذه مهادنة أسس لها جون لوك لتؤكد الفصل بين العالمين، فيما نعتقد؛ إنّه العصر الذي لم يستطع العلم أو الدين الاستغناء عن الآخر للظروف الموضوعية التي كانت سائدة آنذاك، فيما أصبح الدين وسيلة استخدمها بعض الفلاسفة لتمرير المفاهيم العلمية وتفهيمها للناس.

إن معرفة الله عند لوك معرفة برهانيّة وليست معرفة حدْسيّة بسيطة. ويعود إثباته وجود الله إلى الدّليل الأرسطي القائم على المُحرِّك الذي لا يتحرّك بتسلسل العلل[40].

نلاحظ هنا نزعته التّوفيقيّة، فلوك، ومعه فلسفة القرن السّابع عشر إجمالاً، لم تستطع هدم البناء الأرسطي تماماً، إذ نجده يعود إلى أرسطو أحياناً، كما في قوله: إنّ المادّة الجامدة لا تستطيع أنّ تُنتج الحركة بنفسها، والحركة آتية من خارجها .... إلخ ! فنلاحظ هنا اختلاف لوك عن هوبز في هذه المسألة الذي تمرد في استخدامه الفكر المادي إلى أقصى الحدود التي سمح بها عصره.

ولكن، كيف انطلق جون لوك للتأسيس لفلسفته الشهيرة

(39) *Op. Cit.*, P. 536.

(40) عزمي إسلام، جون لوك، ص 168، 169.

في التسامح الديني كما جاءَت في كتابه "رسالة تتعلق بالتسامح"؟

مفهوم التسامح

إنّ العقل في نظر جون لوك هو عنصر أوّلي بسيط التكوين. والعقل يولد صفحة بيضاء، وبذلك يولد الناس متساوين في قدراتهم على المعرفة، وتنطبع في عقولهم تجاربهم الحياتية التي هم غير مسؤولين عنها، بل يتم تلقينهم اعتقاداتهم مهما كانت منابتها متباعدة ومتشعبة.

لقد أنجب فكر ذلك العصر المادّي فلسفة سياسية ذات أسس إنسانية النزعة تقبل مكونات المجتمع بأكملها بوصفهم عناصر ذرية متساوية الحقوق وتستحق الاحترام مهما كانت معتقداتهم؛ لقد حدث ذلك لأوّل مرّة في تاريخ البشريّة. ومن هذه الفكرة أنطلق لوك لتأسيس نظريته في التسامح الديني.

نستطيع تلخيص استدلال لوك على فكرة التسامح بصورة منطقية كما يأتي:

1) العقل يولد صفحة بيضاء.
2) إذاً، فإن عقول الناس متساوية.
3) العقل عنصر بسيط التكوين وقدراته محدودة.
4) وبناءً عليه، هناك حدود للمعرفة الإنسانية.
5) إذاً، المعارف التي يتملكها العقل مسألة نسبية.

6) وبالتالي، فإن الحقيقة مسألة نسبية أيضاً.

7) والنتيجة المنطقية للمقدمات الأخيرة هي أن التسامح ضرورة منطقية تستدعيها طبيعة العقل.

وفي الفصل الثّالث من الكتاب الرّابع من مقالته المشهورة عن حدود المعرفة الإنسانيّة، يتحدّث جون لوك عن محدوديّة المعرفة البشريّة، وبالتّالي، يفتح الباب أمام التّسامح الدّيني، وأمام تَقبُّل الرّأي الآخر، فضلاً عن أنّه يُشكك في المعرفة الحدسيّة. فحدود المعرفة الإنسانيّة تقود إلى احتمال الخطأ، وبخاصّة في الأمور التأمّليّة، لذا، لا يجد يقيناً في الآراء الدّينيّة.

ومن هذه الحجة ينطلق لوك للمناداة بالحرّيّة الشّخصيّة وبالحرّيّة الدّينيّة معاً. ولكنّه استثنى من ذلك الملحدين، والّذين لا يتسامحون مع غيرهم، وأصحاب الولاءات الخارجيّة[41] الّذين ربّما هم الكاثوليك، بسبب ولائهم لكنيسة روما، وولائهم لدول أخرى، كإسبانيا.

لقد أصبح العقل هو العامل المشترك بين الناس، وهو الذي يجعلهم متساوين. فلم يعد الإيمان العامل المشترك الّذي يساوي بين الناس، ويميّزهم عن البربر.

وهكذا تتضح لنا معالم فلسفته السياسية التي تقوم على فكرة ولادة العقل صفحة بيضاء أيضاً؛ فطالما الأمر كذلك

(41) م. ن، ص213، 214.

لماذا لا يتساوى الناس جميعهم في الحقوق؟ فهذا العقل الذي يولد صفحة بيضاء يفرض حرية الفكر والتسامح، ويفرض المساواة بين الجنسين، وبين طبقات المجتمع المختلفة.

فلسفته السياسية

نستطيع تلخيص استدلال لوك على فلسفته السياسية كالآتي:

1) يولد العقل صفحة بيضاء وتنقش عليه المعارف بالتدرج وقدرته محدودة.

2) إذاً، العقول كلها تولد متساوية ومعارفها محدودة، وهذا يستدعي التسامح بالضرورة.

3) ويستدعي أيضاً الحرية الشخصية والسياسية للناس جميعاً.

4) وهكذا يصل لوك إلى فكرة العقد الاجتماعي.

5) ويتحدث عن حقوق إضافية، كحقوق المرأة وغيرها من الحقوق الإنسانية الضرورية.

6) وينتهي إلى ضرورة الشروع بخطة عاجلة لوضع سياسة تربوية تقوم على ما سلف.

رسالة لوك الأولى في التّسامح جاءت دفاعاً عن حرية الدين والسياسة، وهي تُمثّل مفتاح فلسفته كلها. وهو يدافع

عن ضرورة التسامح، إذ يبدأ من بداهة حدود المعرفة الإنسانيّة ليبني، بطريقة عقلية، تمايزاً بين وظيفة الحكومة المدنية ووظيفة الدين[(42)].

لقد تطوّر مفهوم العقد الاجتماعي مع جون لوك وأصبح يتم بنوع من الاتفاق الحر، ولم يعد تنازلاً عن الحقوق كما كان عند هوبز قبله. أصبحت الملكية دستورية مقيدة بقوانين قابلة للتقويض، وذلك عندما يفشل الملك في تحقيق طموحات الشعب، أو عندما يفشل في المحافظة على الأمن والاستقرار.

أضاف لوك إلى حق الحياة والتملك، حق الحرية، الذي يقوم على الإنتاج، ولم يعد هبة من الحكام، فالعقد الاجتماعي لا يرغم الناس على التخلي عن حرياتهم الشخصية بينما كان الأمر كذلك عند توماس هوبز.

وحاول تطبيق المنهج الاستقرائي على أصل المعرفة البشريّة، في مقابل المنهج الاستنباطي الذي ينطلق من المسلمات ويبني عليها بناءً شامخاً لا يعرف الحدود الواقعية.

في ما يتعلّق بآراء لوك في التربية، نادى باستقلال التعليم عن الكنيسة والحكومة، ودعا إلى إهمال دراسة اللاتينية واليونانية، وهي مؤثّر على نمو الرّوح القوميّة.

لقد سعى جون لوك إلى تغليب الشعور الوطني ومحبة

---

(42) John Locke, *A letter Concerning Toleration,* PP.7,8.

الوطن، في مواجهة التعصب والتفرقة الدينية واختلاف المذاهب، وسعى إلى خلق جيل جديد تتم تربيته بطريقة موجّهة استناداً إلى نظرية "الصفحة البيضاء".

إن مذهب جون لوك السياسي ترك انطباعات قوية في الدستور الأمريكي عند تأسيسه، كما ألقى بظلاله على الدستور الفرنسي عام 1871، وما زال يشكل إلهاماً للكثيرين في عالم ما تزال الحرية الشخصية وحرية الفكر والمذهب وتساوي الجنسين أموراً معلقة إلى حين!

أهم أعماله:

* رسالة في التسامح (1689).
* مقالة في الفهم الإنساني (1690).
* أطروحتان في الحكومة (1690).
* مراسلات جون لوك مجموعة في ثمانية مجلدات.

ديفيد هيوم
(1711 - 1777)

ولد في أدنبرة الواقعة شمال بريطانيا، لوالد متوسط الحال ولأم محامية سخّرت نفسها لتربية أبنائها بعد وفاة والدهم وهم في سن مبكرة. دخل ديفيد هيوم الجامعة في سن 12 سنة لدراسة المحاماة حسب رغبة أمه، ولكنه اتجه صوب دراسة الفلسفة، وترك الجامعة من دون أن يحصل على شهادة.

انتقل إلى باريس وعمل في السفارة البريطانية هناك حيث نشر عدداً من الكتب وذاع صيته، وبعد ثلاثة أعوام عاد إلى إنجلترا بصحبة جان جاك روسو كلاجئ سياسي.

نشر هيوم كتابه الأول "أطروحة في الطبيعة الإنسانية" باسم مجهول (1739)، ثم نشر ملخصاً لها في العام الذي يليه، ثم نشر كتابه "تاريخ إنجلترا" في ستة أجزاء وحاز على شهرة واسعة نتيجة لذلك؛ ثم نشر كتاباً بعنوان "بحث في الفهم الإنساني" عام 1748 الذي شرح فيه نظريته في

المعرفة، ثم بحث في قواعد الأخلاق عام 1751، تلاه سيرة حياته التي نشرها عام 1777.

تتمثل فلسفة ديفيد هيوم، الفيلسوف الإنجليزي التجريبي، في انتزاع النتائج المنطقية التي أدت إليها فلسفة سلفيه "لوك وباركلي"؛ إذ رفض فكرة الجوهر ورفض وجود أفكار فطرية في العقل، فكل أفكارنا مستمدة من التجربة، كما قال لوك؛ كذلك انتزع ديفيد هيوم من فلسفة باركلي نتيجتها اللازمة، وهي الشك.

فالشك هو الخاتمة التي انتهى إليها المذهب التجريبي الذي قام في إنجلترا والذي غدا موقفاً محيراً في ضوء اكتشافات ذلك العصر العلمية، وبخاصة في ضوء التوصل إلى قوانين الطبيعة الضرورية التي جعلت العالم الطبيعي يخضع لقوانين علمية ضرورية في المادة والحركة، كقوانين غاليليو ونيوتن وغيرهما.

وقع هيوم في الشك لتأرجحه بين المادية والمثالية، لم يلغ أحدهما كما فعل باركلي الذي شك في وجود العالم المادي، ولم يُلغِ الاثنين كما فعل كانط. فالشك موروث ديكارتي استعمله هيوم للقضاء على مخلفات الفكر الفلسفي الوسيط. لذلك، صب اهتماماته على فكرة الجوهر الثابت الواقع وراء الأعراض والأحوال ... إلخ، بتأثير من ديكارت وغاليليو والعالم روبرت بويل (ت 1696)، وكذلك ركز على أفكار مثل خلود النفس والله والمعجزات.

في كتابه عن الطبيعة الإنسانية، يتحدث عن نظريته في المعرفة من حيث إننا ندرك العالم من خلال الانطباعات (الحسية والانفعالية والعاطفية)، والأفكار هي بمثابة صور باهتة وانعكاسات لتلك الانطباعات الحسية في التفكير. ثم تقوم الذاكرة بحفظ الأفكار وفق ترتيب حدوثها، وبعدها تعمل المخيلة على إعادة ترتيب الأفكار المستمدة من الانطباعات وخلطها وتوليفها على نحو أكثر تعقيداً.

الفرق الأساسي بين الانطباعات والأفكار تكمن في أن الانطباعات تترك أثراً أكثر وضوحاً بفعل اتصالها المباشر مع المعطيات الحسية. وبذلك يكون هيوم قد نفى تمييز العقلانيين بين معطيات الحس والعقل، وإعطاء الأولوية للعقل، لأن العقل عند ديفيد هيوم لم تعد له وظيفة سوى التذكّر وتداعي الأفكار المستمدة من الخبرة الحسيّة.

كذلك رفض المعرفة بوجود الله والروح وخلود النفس لأنها لا تترك انطباعات حسية لدينا، وبالتالي فهي مجرد عوالق فكرية من الماضي.

لم ينف ديفيد هيوم وجود الله، ولكن البراهين العقلية والتجريبية قاصرة عن إثبات وجوده فقال "بوسيلة الإيمان الخالصة للوصول إلى معرفة الله". فكل ما يخضع لعالم الحس يمكننا معرفته، أما عالم الميتافيزيقيا وقضاياه الأساسية، كفكرة الله والروح وخلود النفس فلا تخضع لمعرفتنا العقلية.

أما المعجزات، فلا ينكر وقوعها مباشرة، بل يثبت قصورها بمراجعة أحداثها، ويقول إن التجربة الشخصية للمعجزة تعطل العقل.

ولإثبات ذلك يُفرّق هيوم بين أفكار الذاكرة وأفكار الخيال. فأفكار الذاكرة أقوى لأنها تقف عند حدود التجربة، أما أفكار الخيال فلا تتقيد بذلك فتقع في الخطأ لأنها تخلق دعاوى لا يمكن البرهنة عليها.

سلّم هيوم بما قاله باركلي: إنَّ الأشياء المادية الخارجية، ما دامت صفاتها من خلق عقولنا، فهي مجرد حديث وهم وخرافة، ولكن ما يحفظ عليها وجودها المستمر عندما لا تكون ضمن نطاق إدراكنا، هو الله. وزاد هيوم عليه إن العقل أيضاً مجرد "وهم" لا وجود له، فلا مادة هناك ولا عقل. إذ إنّ التجربة هي المصدر الوحيد لعلمنا، وكل ما ندركه من تجارب حياتنا هو مجموعة من إحساسات (عن طريق الحواس أو من خلال بواطن أنفسنا)، وما دام العقل لا يعلم إلا طائفة من الإدراكات الحسيّة، كان من المستحيل أن نكوّن بعقولنا فكرة عن شيء ما تكون مخالفة في نوعها للآثار الحسيّة[(43)].

يخلُصُ هيوم إلى أنّ كل أفكارنا صادرة عن تجربة، وأنه

---

(43) زكي نجيب محمود، ديفيد هيوم، ط1، مصر: دار المعارف، 1958، ص 153.

ليس لدينا أفكاراً فطرية، ولم يعد هناك دور مهم للعقل سوى التذكّر وإعادة تركيب الصور الحسيّة.

إن تسليمنا بوجود الجسم ناتج عن نوع الغريزة يسميه "الاعتقاد الطبيعي". وإنكار هيوم لوجود الجسم نابع من رأيه المتمثل في أن كل شيء في العالم يجري على السطح، ومحاولات الكشف عما هو خلف هذا السطح مجرد وهم ميتافيزيقي عقيم. وبالتالي، فإن السؤال عن مصدر الظواهر لا معنى له، كما في الوضعية المنطقية. لقد بدأ مشروع كانط يتضح الآن، فالشيء في ذاته لا يمكن معرفته من خلال العقل!

ترجع إدراكات العقل الإنساني كلها إلى حِسَّين متميزين، ولا أثر فعال للعقل فيهما، هما:

1) الانطباعات: الآثار الحسية، وهي أقوى في العقل أثراً وأوضح ظهوراً.

2) الأفكار: وهي نسخ عن الانطباعات، أي هي مجرد انعكاسات باهته للاحساسات.

فالعلاقات بين الأفكار يتم اكتشافها بواسطة عملية الفكر. والأفكار بسيطة (كاللون) ومركبة (كالتفاحة التي لها لون وطعم ورائحة)، وبتحليل الأفكار المركبة نجد أنها أفكار حسية بسيطة ليس غير.

وترتبط نظرية ديفيد هيوم في المعرفة بالعلم النيوتوني، أي بعلم إسحق نيوتن، إذ يقول هيوم: طالما أن الذرات

232

المادية لا تتجزأ، والنقط المكانية لا أبعاد لها، والآنات الزمانية لا دوام لها، فهذه الأشياء الطبيعية جميعها ليست بذرات مدركة وليست قابلة للادراك الحسي أصلاً.

وطالما أن أفكارنا مصدرها التجربة، فلا مادة هناك، لأن صفاتها من خلق عقولنا؛ ولا عقل هناك كذلك، لأن العقل لا يعرف سوى مجموعة من الإدراكات الحسية المترابطة بقوة الخيال.

إذن، أفكارنا كلها صادرة عن التجربة، فلا مادة هناك ما دامت صفاتها من خلق عقولنا، ولا عقل هناك طالما أن العقل لا يعلم سوى طائفة من الادراكات الحسية. ولكن، كيف تتداعى الأفكار في العقل الإنساني؟

أسس التداعي بين الأفكار:

1) التشابه: وهي تتعلق بكل قضية يتم الحكم على صدقها بالحدس أو البرهان القياسي المنطقي (كفكرة المربع، إذ لا داعي لوجود مربع واقعي حتى نتصور المربع كشكل هندسي، وهكذا الأمر بالنسبة للقضايا الرياضية والهندسية الأخرى).

2) التقارب الزماني أو المكاني: إن كل قضية يتم الحكم على صدقها على أساس الخبرة الحسية بارتباطها بزمان ما ومكان محدد ما. كتذكر واقعة ما في ارتباطها بالأشخاص والمكان والزمان، ... إلخ.

3) رابطة العلة بالمعلول (السببية).

علاقة السببيّة عند هيوم

يذهب هيوم إلى أن كل ما له علاقة بالحوادث التي تقع في تجارب الحياة تقوم على أساس السببيّة، أي علاقة السبب بالمسبب. وأنه من خلال هذه العلاقة يتجاوز الإنسان حدود شهادة الحس وشهادة الذاكرة في حكمه على وقائع العالم الطبيعي.

افترض، مثلاً، أنك سمعت صوتاً بشرياً، يشق طريقه عبر ظلام دامس، يتحدث حديثاً منطقياً معقولاً. ألن تحكم مباشرة بأنه صوت إنسان عاقل، على الرغم من عدم رؤيتك له؟ فقد ربطت ربطاً سببياً بين الحديث وبين الجهاز الآدمي فتوصلت إلى النتيجة .... أليس كذلك؟[44]

ويسعى هيوم إلى إنكار هذه الرابطة السببية ليحيلها إلى العادة والتجربة الحسية المباشرة، إذ تتخذ رابطة السببية أنماطاً، نذكر منها:

1) قد تكون على صورة التتابع (الاتصال) بين الحادثتين (السبب والمسبب).

2) قد تكون على صورة المعيّة في الوقوع (يحدث السبب والمسبب في آن واحد).

3) قد تكون على صورة الارتباط الضروري بين الوقائع المتصلة المتوالية. وتنكشف لنا بالعادة (Habit).

---

(44) م. ن، ص 69.

كيف وصلنا إلى العلم بظاهرة السببيّة

لا ينشأ علمنا بالرابطة السببيّة عن التفكير العقلي الخالص بمعزل عن الخبرة الحسيّة؛ فقد اتفقنا سابقاً أنّ ليس لدى الإنسان أفكارٌ فطرية تولد معه. ويتوصل هيوم إلى أن كل الاستدلالات التي نقيمها استناداً إلى الخبرة؛ إنما هي مبنية على العادة وليست مبنية على الاسترشاد العقلي. ويفترض هيوم في كتابه "بحث في الفهم الإنساني" خلال بحثه عن فكرة السبب والمسبب، أنه لو جئنا بشخص يتحلى بأقوى ملكات العقل والتفكير فجأة إلى هذا العالم .... فماذا سيحدث؟

1- سيلاحظ فوراً تتابعاً متصلاً للأحداث.

2- سيلاحظ أيضاً أنّ حادثة تتبع أخرى.

3- لن يستطيع أن يكتشف شيئاً إضافياً عمّا سلف.

وبذلك، فإنه لن يتوصل إلى فكرة السبب والمسبب لأنَّ القوى المعينة التي بفعلها تتم العمليات الطبيعية بمجملها لا تنكشف للحواس مطلقاً. فهو بالتالي لا يمكنه أن يستنتج أنَّ حدوث حالة معينة جاءت تتبع حالة أخرى بفعل الحادثة الأولى. فبالنسبة له إنّ حالة الارتباط بين الحادثتين عرضية.

وكأنه يقول إنه إذا حدث الرعد بعد حدوث البرق مباشرة فإن حدوث الرعد لا علاقة مباشرة له بحدوث البرق، إنما نتوقع حدوث الرعد لأننا اعتدنا على ملاحظة هذه الظاهرة تحدث بهذا التتابع وعلى هذه الشاكلة.

وباكتساب الشخص مدار الحديث تجارب واقعية أكثر، فإنه يبدأ، تبعاً لاكتسابه الخبرات المتراكمة، باستنتاج وجود شيء ما بدلالة ظهور شيء آخر (كاقتراب اللهب من شيء قابل للاشتعال وحدوث النار). ولكنه حتماً لن يتوصل بعد إلى سر السببيّة؟

ولما كان ما يزال الإنسان يصر على اكتشاف السبب، لابد من إقناعه بأن مفهوماته وعملياته العقلية لن تسفر عن أية نتيجة حول هذا الموضوع، وإلا فإنه سوف يستمر في البحث بالأسلوب السابق عينه عبثاً. والمبدأ الذي سيمكنه من الوصول إلى نتيجة هو العادة، فالعادة، هي ذلك الميل الذي يتولد لدينا نحو إعادة أداء الفعل الذي داومنا على تكراره بدون دافع من العقل أو من عملياته الإدراكية.

فإذا ما ارتبط شيئان ارتباطاً ثابتاً، كالحرارة واللهب مثلاً، أو الوزن والصلابة، فإنّ العادة وحدها تجعلنا نتوقع حدوث أحد الأمرين إذا ما ظهر الأخر[45].

فالسببية في الطبيعة لا نتوصل إليها من خلال العلاقات بين الأفكار أو من خلال قوى معينة؛ فلا علاقة ضرورية بين السبب والنتيجة إنما نكتشفها بفعل العادة.

رفض هيوم السببية المنطقية ليؤكد السببية الميكانيكية والطبيعية محلها، بذلك يكون هيوم قد هدم تصور سبينوزا

(45) م. ن، ص 187.

للضرورة السببية الموروثه عن أنطولوجيا العصور الوسطى القائلة بأن السببية ذات طبيعة منطقية؛ بحيث ينساب المعلول من العلة انسياب النتائج من المقدمات في القياس الصحيح.

خلاصة ما توصل إليه ديفيد هيوم بشأن السببية كما يلي:

* لا توجد علاقات ضرورية بين الأشياء، فالعلاقات العِلّيّة مجرد عادة.

* العادة أساس التنبؤ في العلم وفي الحياة اليومية.

* أساس العادة التلازم الثابت بين الظواهر التي تكتشفها التجربة.

* مصدر التلازم وسببه هو الجسم الخارجي الذي نسلم بوجوده غريزياً وبالطبيعة من دون برهان.

* سلّم هيوم بوجود الجسم على نحو ما سلّم جون لوك من قبله بوجود الجوهر.

العادة .... وخِداعُها (العلم والاحتمال)

هناك قضايا رياضية ومنطقية نقيضها مستحيل، ولكن، هناك قضايا تجريبية: نقيضها ممكن. فمقولة: "الشمس سوف تشرق غداً"، ونقيضها "الشمس سوف لن تشرق غداً" كلاهما يجد قبولاً لدى العقل.

يميز هيوم بين القضايا الرياضية والمنطقية من جهة، وبين القضايا الأخرى التجريبية التي تتصل بالواقع من جهة أخرى.

فمعيار صدق القضايا الرياضية والمنطقية يتمثل في أن نقيضها مستحيل (مجموع مربعي ضلعي المثلث القائم الزاوية لابد أن يساوي مربع الوتر). ويعود مرجع الضرورة إلى الاستنباط الصحيح للنتيجة من المقدمات.

أمّا صدق القضايا التجريبية، التي تعبر عن قضايا في العلوم الطبيعية وتعميمات الاستدلال الاستقرائي (Inductive Inferences)، فتتوقف على التحقق التجريبي لها.

إذاً، فالمشكلة التي وضعها هيوم هي:

ليس لدينا تبرير كافٍ من الخبرة الحسية يُعدُّ بمثابة معيار تجريبي يقرر صدق القوانين العلمية التي نتوصل إليها من ملاحظات الماضي والحاضر. لذا، لا يمكننا الجزم بأنّ المستقبل سيكون على غرار الماضي والحاضر[46]. بمعنى آخر، أنكر هيوم ضرورية القوانين الطبيعية وشموليتها.

لمّا كان بإمكان العقل أن يتصور نقيض الحكم الذي يصدره الإنسان على وقائع العالم الطبيعي، كأن يتصور العقل بأنّ الشمس لن تشرق غداً، فإنه يتقبل هذه الفكرة على الرغم من أنه عبثاً يحاول أن يفهم برهاناً عقلياً عليها، كما لو أنها

---

(46) ماهر عبد القادر محمّد علي، مشكلات الفلسفة، بيروت: دار النهضة العربية، 1985، ص 23.

فكرة يقينية ثابتة. أيكون إذاً في الأمر تجاوزٌ لحدود شهادة الحواس، وشهادة الذاكرة؟(47)

فمن الذي أوحى للإنسان بهذا الوهم الباطل؟

يُخيَّل للمرء أحياناً أنّ هناك وقائع طبيعية ندركها بمعزل عن الخبرة الحسيّة. كمثل كرة البلياردو التي قد نتوهم أننا نستطيع أن نحكم بمجرد التفكير العقلي بأن اصطدام كرة بلياردو بأخرى سيؤدي إلى تحرك الأخرى. فالعادة هي التي تخدعنا هنا. وحقيقة الأمر أنّ هناك احتمالات يتوقع حدوثها عند الاصطدام؛ فإما أن ترتد الكرة الصادمة وتظل الثانية ساكنة، أو تسكن الكرتان، أو تندفع الكرتان معاً إلى الأمام أو تقفز إحداهما .... وما إلى ذلك من احتمالات. فيستحيل علينا الحكم على النتيجة من دون الخبرة. فالخبرة الحسية التي شهدت بها التجربة احتفظت بها الذاكرة، ولذلك توقعنا حدوثها نتيجة الاصطدام.

ويؤكد هيوم على ضرورة وجود حقيقة ما لدى الحواس والذاكرة نبدأ منها كي نشرع باستنتاج النتائج. فالنتائج التي نستخلصها من التجربة تتجاوز بنا حدود الذاكرة والحواس، وتؤكد لنا حقائق حصلت في أزمنة سحيقة وعلى مسافات بعيدة. ويضرب هيوم مثلاً على ذلك فيقول: يستنتج الإنسان الذي يلاحظ آثاراً أو أطلالاً لمبانٍ عظيمة سالفة في بلد

---

(47) زكي نجيب محمود، م. س، ص 68.

صحراوي وجود سكان متحضرين في تلك الحقبة من الزمن. فإذا لم يصادف أي أطلال أو آثار، من المستحيل أن يقوم باستدلالات كتلك. فاعتقاده عند ذاك لا يستند إلى أساس (48).

وهكذا هدم هيوم دور العقل، فليس هناك سوى انطباعات حسية ندركها وتقوم قوة الذاكرة بحفظها، فيما تعمل قوة الخيال على الربط بين الأفكار.

فكرة الارتباط الضروري بين العلة والمعلول

علاقة العلّيّة عند هيوم لا تستدعي ضرورة منطقية، كما يعتقد العقليون، إذ يقول هيوم ما يلي:

1- إنّ مجرد تحليل العلة لا يتضمن وجود المعلول كأحد عناصرها، لأن المعلول متميز عن علته.

2- بما أن الحادثتين متميّزتان، فإنه لن يوجد أي تناقض منطقي في إثبات إحداها وإنكار الأخرى.

فإذا شاهدنا بحراً عميقاً فإننا نغدو على يقين من أن سقوط شخص ما لا يعرف السباحة في هذا البحر سيؤدي إلى غرقه، ولكننا لن نكون على يقين معرفي من غرقه إلا إذا جربنا.

إن مصدر العلة هو الخبرة الإنسانية عند ديفيد هيوم،

---

(48) م.ن، ص 186.

فليس هناك ما يقرر صدق القوانين العلمية. فلا توقعات ممكنة في المستقبل استناداً على ضرورة القوانين العلمية. وبناءً عليه، فإنه قبل تصدير أي حكم معرفي يجب أن نتأكد منه تجريبياً.

العالم الخارجي وهم باطل

أوهمت العادة الإنسان بأن الأشياء الخارجية تتمتع بوجود متصل دائم، وأنّ هناك علاقات ضرورية بين الأشياء. فالحواس لا تقدم إلا إدراكاً حاضراً فقط. فوجود الأشياء المادية هو وهم باطل نسجه الخيال، ومن الخطأ أن نفترض وجود ما لا نعلم، كما أنه لا توجد علاقات ضرورية بينها.

وتجاوز هيوم افتراضه، بأنه ليس في الكون إلا الأفكار التي ندركها، إلى نكران العقل وإزالته عن الوجود، ويتساءَل هيوم: هل تجد بين الانطباعات الحسية التي أتتك من الخارج ما معناه "عقل"؟

بذلك التصريح فقد هدم هيوم روحانية النفس وخلودها بقوله إن العقل ليس إلا إحساسات متناثرة تتلاحق في العقل وتتتابع دون أن يكون بينها صلة وإنه لا توجد بين الانطباعات الحسية ما معناه "روح" أو "نفس" ولا "قوى فوق الطبيعة".

إذن، لا نفس هناك ولا روح ولا يوجد أي دليل ينهض

على وجود الله طالما أن هذه المفاهيم لا تترك لدى الإنسان أي انطباعات حسيّة.

في نقد السببيّة

1-إنّ محاولة هيوم لتوضيح أن التفكير العقلي العرضي (Casual Reasoning) ليس سبيلاً إلى المعرفة، هو توضيح متناقض لا يمكن تأييده. فكلما ازداد الإنسان تطوراً ومعرفة ازدادت أهمية النظرية في تشخيص الوقائع. إنما تكتسب السببيّة أهميتها المميزة عندما لا يكون لدينا إلمامٌ كافٍ بالنظرية، فنستخدم عند ذاك أسلوب التجربة والخطأ.

وماذا نقول في طبيب ينكر كل المعلومات النظرية التي بحوزته عن جسم الإنسان ويثق بالخبرة فقط، فيستخدمها وحدها في ممارسته للطب![49] والكلام نفسه ينطبق على المهندس والكيميائي وعالم الأحياء وغيرهم، فهل نعود مرة أخرى لاكتساب الخبرات التجريبية البدائية التي شرع فيها الإنسان منذ آلاف السنين كي نوافق هيوم فلسفته هذه؟

2-فيما يقول هيوم إنّ الانتقال الذي اعتدنا أن نراه بالخبرة من العلة إلى المعلول تشعر به النفس ولا يُدرك خارجياً في الأشياء، وإنه ليس لدينا أية فكرة عن العلة والمعلول سوى فكرة عن أشياء كانت مرتبطة دائماً، فإن

(49) W. H. Walsh, *Metaphysics,* P. 106.

بيران (Biran) يرد عليه قائلاً: إنّ ثمة حالة ممتازة تدرك فيها العلة، وهي المجهود العضلي، فإنه يدل على انتقال القوة من العلة إلى المعلول. فالمجهود يحمل معه بالضرورة إدراك علاقة بين الكائن الذي يُحرك شيئاً ما ومقاومة الشيء للحركة. فمن دون المجهود لا معرفة هناك ولا يوجد إدراك من أي نوع.

كذلك، ضرب آخر مثل السكين التي تقطع الخبز ومثال المطرقة التي تدفع مسماراً في الخشب، لإثبات أننا ندرك مباشرة الفعل نفسه، فلا يقتصر الإدراك على انطباع حركتين متناسقتين زمانياً ومكانياً[50].

ألا نستطيع نحن أيضاً من خلال تجاربنا في الحياة أن نعمل على "نقد نقد السببية" لدى هيوم بقولنا إننا نشاهد يدنا يومياً تفتح الباب، وأن هناك علاقة تضايف بين أصابعنا ومفتاح الباب، ولن يستطيع ديفيد هيوم أن يقنعنا أن يدنا أو أصابعنا ليست العلة المباشرة لهذا الفعل أو ذاك!

جاء كانط (1724 - 1804) ليعترف بقوة دعوى الفلاسفة التجريبيين بأن مصادر الاعتقاد كلها مستمدة من التجربة الحسية، ولكنه رفض فكرة أن اعتقاداتنا لا يمكن تفسيرها عقلياً. وفي الوقت نفسه رفض أفكار الفلاسفة العقلانيين

---

(50) عبد الرحمن بدوي، مدخل جديد إلى الفلسفة، ط2، الكويت: وكالة المطبوعات، 1979، ص 110 و111.

المتمثلة في أن الحقائق الموضوعية يمكن إقامتها بالعقل وحده. فانبرى للبحث في إمكانية المعرفة الميتافيزيقية، كوجود الله وخلود النفس وحرية الإرادة، كما انبرى للتساؤل كيف يمكن أن تكون أصناف المعارف الأخرى ممكنة؟

انطلق كانط من المشكلة التي طرحها هيوم حول مفهوم السببية الذي أفاقه من سباته الدوغمائي، كما قال؛ فشرع في نقد العقل لدراسة قدراته وإمكاناته في تحصيل المعرفة، فنقد العقل المحض عام 1781، ثم تبعها بنقد العقل العملي (الأخلاق)، فنقد ملكة الحكم، وغيرهما؛ وبالرغم من صعوبة مصطلحاته وانديا أفكاره في أوروبا ببطء إلا أنه غدا في مصاف الفلاسفة العظام، كأرسطو وأفلاطون، وأسس لتيار فكري سوف يستمر مع فخته وشلنغ وهيجل، حيث استمرت النزعات الذاتية التي انطلقت من ديكارت وتعمقت واتخذت أبعاداً جديدة.

وبالرغم من تأسيس كانط للمثالية الألمانية فإنها سوف تتخذ أبعاداً سياسية جديدة مع هيجل وماركس، وسوف تعمل على تغيير مسار تاريخ البشرية.

أهم أعماله:

* أطروحة في الطبيعة الإنسانية.
الكتاب الأول والثاني (1739).

الكتاب الثالث (1740).

* ملخص للأطروحة أعلاه (1740).

* بحث في الفهم الإنساني (1748).

* بحث في قواعد الأخلاق (1751).

* أطروحات أربع (1757)

- التاريخ الطبيعي للدين.

- التاريخ الطبيعي للعواطف.

- التاريخ الطبيعي للتراجيديا.

- التاريخ الطبيعي معيار التذوق.

* سيرة ذاتية: حياتي (1777).

الخاتمة

ليس المهم أن نقول ما قيل من قبل، بل هو أن نقوله بطريقة جديدة، كما يقول أحد الفلاسفة. وقد حاولنا في دراسة العلم والفلسفة الأوروبية الحديثة أن نفعل ذلك.

لقد اتضح لنا أن المراكز التجارية الإيطالية بدأت تزدهر مع نهاية القرن الحادي عشر، وكانت تتراكم الثروة فيها على نحو غير مسبوق في تاريخها، وبخاصة خلال حروب الفرنج مع العرب والمسلمين، كما اتضح لنا ارتباط نزوح الفرنج إلى الشرق بفترة البرودة المناخية التي تعرضت لها الأرض خلال تلك الفترة من تاريخها. وفيما حافظت هذه المراكز على علائقها التجارية الجيدة مع الدول المحيطة بالبحر المتوسط، فإنها كانت تبني السفن للفرنجة وتبيع جنودهم كعبيد متى سنحت الفرصة.

لذلك، نجد التقدم كبيراً في إيطاليا خلال تلك الفترة مقارنة بأوروبا الغربية والشمالية، ونجد ازدهار جامعتي بادوفا وساليرنو مقارنة بتخلف جامعتي أكسفورد وكمبردج آنذاك، الأمر الذي استدعى وليم هارفي، مثلاً، أن يتخصص في الطب في جامعة بادوفا الإيطالية نحو مطلع القرن السابع عشر.

وهكذا أدى التوسع السريع للمدن الأوروبية في جنوب إيطاليا، وظهور الطبقات التجارية الحرة، إلى ربط البرجوازية الصاعدة أهمية المعارف العلمية بإنتاج الثروة وتراكمها واستثمارها في تقوية نفوذها السياسي؛ فكان من شأن دعمها للعلم والاكتشافات استثمار الطاقة الطبيعية الهائلة المتوافرة في الطبيعة، وتسخيرها لخدمة رغبات "الإنسان" وزيادة ثروته ونفوذه.

وقد استدعى تحقيق الثورة التجارية التي انداحت من شواطئ البحر الأبيض المتوسط إلى شواطئ الأطلسي، وشكلت فيما بعد بؤراً مضيئة جديدة هناك، وبخاصة بعد اكتشاف أميركا، وما تلاها من ثورات علمية واكتشافات وتغيرات سياسية واجتماعية، استدعى مجابهة الوعي السائد (الذي سيطر عليه الوحي) بالعقلانية والتسلح بالعلم، في مجابهة اللاهوت والفكر الغيبي، كما استدعى استبدال الحقوق الإلهية للملوك والباباوات بالعقد الاجتماعي الذي يتم إبرامه بين الناس، فترسخت الحقوق الطبيعية للبشر وحرية الرأي والتفكير والحرية الفردية في مواجهة الامتيازات التي كانت تتمتع بها الارستقراطية وطبقة النبلاء والأمراء والاقطاعيين الكبار.

وبالرغم من ذلك، رافقت العلم الحديث ممارسات غير علمية، فلم يستطع العلم الحديث خلع العباءة الأرسطية والفكر المدرسي الغيبي دفعة واحدة، فوجدنا كبلر يشتغل

بالتنجيم أحياناً، رغم اكتشاف قوانينه المذهلة في حركة الكواكب، ولفتنا حديث غاليليو أنّ الشهب في السماء مجرد وهم، كما لاحظنا التأثيرات الدينية والغيبية ما تزال عالقة في أفكار نيوتن، كقوله إن الله ممتد في الطبيعة وإن المكان المطلق هو عضو الحس عند الله.

ولكننا نستطيع القول إن مضامين الخطاب الفلسفي قد أخذت في التغير بصورة تدرجية عبر التحول من فلسفة الطبيعة إلى العلم الحديث، حيث أخذ يضعف الاهتمام بمقولات كالجوهر والماهية والعلة الصورية والعلة الغائية وغيرها، وحلت محلها مقولات علمية، كالذرة والحركة والطاقة والصفات الأولية الثابتة للجسم وصفاته الثانوية وما إلى ذلك.

ولاحظنا الاضطهاد الذي تعرض له العلماء، من أمثال كوبرنيق وبرونو وغاليليو، كما لاحظنا سيطرة اليمين الفلسفي على المراكز العلمية في أوروبا، الأمر الذي استدعى اشتغال علماء وفلاسفة ذلك العصر خارج تلك المؤسسات وعلى أطرافها، كما فعل جون نابيير الذي خرج من الجامعة من دون شهادة، والأداء السيء لنيوتن في المدرسة والمشقة التي عاناها في العمل قبل أن يحصل على مقعد أستاذية الرياضيات في جامعة كمبريدج. كذلك عانى بيكون من خطر فقدان وظيفته، وهرب ديكارت خوفاً من الاضطهاد واتهم في هولندا بأن أفكاره تقود إلى الإلحاد؛ ورفضت أطروحة ليبنتز في جامعة ليبتنزيش عام 1666، وطُرد سبينوزا من ملته

وعمل في صناعة العدسات، واتهم هوبز بالإلحاد، وترك ديفيد هيوم الجامعة من دون الحصول على شهادة. لذلك، جاء التغيير من الأطراف الواقعة على محيط المراكز الأكاديمية ليحدث انقلاباً في المراكز التي اعتنقت الفكر التقليدي ودافعت عنه دفاعاً مريراً.

لم يكن اشتغال فرانسيس بيكون وغاليليو بعيداً عن حاجات ذلك العصر وتطور التعدين والملاحة والمدافع، حتى نيوتن مارس بعض الأبحاث في صهر المعادن وخلطها لتغيير خصائصها والتحسين عليها (صك النقود في حال نيوتن، وسكب المدافع في حال بيكون). كذلك عمل نيوتن على دراسة مشكلة تحديد خطوط الطول وخطوط العرض وضبط مشكلة المد والجزر التي كانت تعاني منها البحرية البريطانية في المواني آنذاك، وقام بذلك من خلال تكليفه من قبل البرلمان الإنجليزي كعضو في لجنة متخصصة للوصول إلى فهم لهذه الإشكاليات.

يلخص البحث إلى إن الفلسفة الأوروبية الحديثة لا يمكن فهمها في معزل عن حركات الإصلاح الدينية وصعود العلم الحديث معلناً عن الثورة العلمية الكبرى في القرن السابع عشر.

ويمكننا ملاحظة منحني تطور العلم والفلسفة الحديثة في أوروبا، حيث يُظهر المنحي المتعرج الظاهر في أسفل الشكل تطور العلوم والاكتشافات منذ انطلاقة حركة الإصلاح الديني

نحو منتصف القرن السادس عشر والتي تزامنت تقريباً مع إعادة اكتشاف كوبرنيق نظرية مركزية الشمس، ثم توالت الاكتشافات والاختراعات العلمية وتراوحت حدتها بين مد وجزر حتى غاليليو، إذ نلحظ بعد ذاك صعوداً حاداً للثورة العلمية التي تتوجت بأعمال إسحق نيوتن.

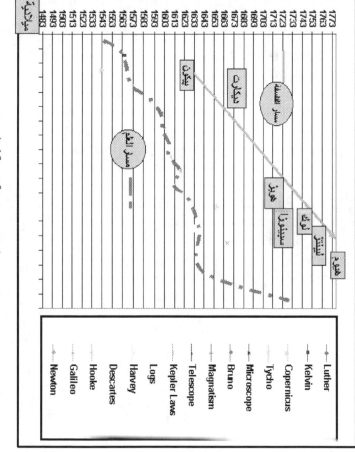

ملخص تطور العلم والفلسفة الحديثة في أوروبا

بالمقابل، عندما ننظر إلى الخط المستقيم الواقع في أعلى الشكل ذاته والذي يمثل صعود النشاط الفلسفي الموازي تقريباً للفتوح العلمية، فإننا نلحظ أن الإنتاج الفلسفي الحديث قد بدأ بتأثير من الثورة العلمية وتلازم معها؛ إلى أن اشتد عوده؛ وما لبثت أعداد الفلاسفة أن ازدادت باقترابنا من صعود منحني الثورة العلمية الحاد؛ الأمر الذي يدلل على العلاقة الوطيدة والمتلازمة بين العلم والفلسفة في تلك الحقبة من التاريخ.

لا يمكن فهم الارتباط الوثيق بين العلم والفلسفة من دون دراسة تاريخ أوروبا السياسي والصراعات التي كانت تدور بين الدول؛ والأهم من ذلك كله الصراعات التي كانت تستعر بين طبقات المجتمع المختلفة، وكيف اتخذت في البداية طابعاً مذهبياً أدى إلى الانفصال عن سلطة البابوية في روما - الإقطاعي الأكبر - ثم اتجهت صوب الشروع في ترتيب الشؤون الداخلية للدولة، والانطلاق إلى العالم الجديد أولاً؛ ثم صوب العالم القديم للسيطرة عليه وإخضاعه لمتطلبات نموها.

لذلك حاولنا في هذا الكتاب أن نؤسس للظروف الموضوعية التاريخية التي أدت إلى انطلاقة الثورة العلمية الكبرى في ارتباطها بالإرث العالمي لفلسفة الطبيعة (الإغريقي

والعربي على وجه الخصوص)، وانتقلنا بالتدرج إلى البحث في الفتوح العلمية والاكتشافات المذهلة التي حققها فلاسفة الطبيعة في ذلك العصر، وكيف استثمر الفلاسفة مهاراتهم الفكرية في تهيئة العقول لاستقبال العلم الحديث، وما انطوى عليه من تناقضات مع الفكر التقليدي؛ كما انتهينا إلى البحث في نماذج رئيسة من الفلسفة الأوروبية الحديثة؛ التي قامت بالتأسيس لنظريات معرفية ووجودية؛ ساهمت في بناء الفلسفة السياسية والاجتماعية الضرورية لإقامة الدول الأوروبية الحديثة.

وانطلاقاً من هذه النتيجة نعلن راهنية الفلسفة الأوروبية الحديثة وضرورتها في بناء الدولة العربية المعاصرة، فما زالت أفكار الفلاسفة الذين درسناهم، من فرانسيس بيكون حتى ديفيد هيوم، ذات راهنية للفكر العربي المعاصر الذي يعاني من انعكاسات ضعف الدولة وتبعيتها، ومن هيمنة الفكر ما قبل العلمي على مناحي الحياة المختلفة على نحو ما كانت عليه حال أوروبا في عصر النهضة وقبله؛ فلولا أثر العرب والمسلمين لما حققت أوروبا نهضتها من خلال ثورتها العلمية والثورة الفلسفية التي صاحبتها. ويشكل هذا الإنجاز أكبر دليل على حاجتنا اليوم إلى دراسة "الآخر" وتمثّل تجربته التي تمتد جذورها عميقاً في تربة إنجازاتنا الحضارية

الخصبة، والتحضير لنهوض جديد؛ ليس بالضرورة على نحو تقليدي خالص، بل على نحو إبداعي يأخذ خصوصيتنا الحضارية التاريخية بعين الاعتبار.

المصادر والمراجع

المصادر والمراجع العربية

1- إبراهيم مدكور، في الفلسفة الإسلامية، [ط1]، القاهرة: دار إحياء الكتب العربية، 1947.

2- إسماعيل مظهر، تجديد العربية، ط1، القاهرة: مكتبة النهضة المصرية، 1948.

3- إمام عبد الفتّاح إمام، توماس هوبز فيلسوف العقلانيّة، ط1، بيروت: دار التّنوير للطّباعة والنّشر، 1985.

4- إميل برهييه، تاريخ الفلسفة: الفلسفة اليونانيّة، ط2، بيروت: دار الطليعة، 1987، ج1 .

5- أيّوب أبو ديّة، حروب الفرنج ... حروب لا صليبية، طبعة مزيدة ومنقحه، ط2، بيروت: دار الفارابي، 2008.

6- أيّوب أبو ديّة، تنمية التخلف العربي، ط1، بيروت: دار الفارابي، 2004.

7- أيّوب أبو ديّة، "هل ثمّة فلسفة عربية حديثة؟"، مجلة الفكر العربي المعاصر، 2007، العدد 140 - 141.

8- أيّوب أبو ديّة، عباس محمود العقاد: من العلم إلى الدين، ط1، عمّان: دار ورد، 2003.

9- توماس غولدشتاين، المقدمات التاريخية للعلم الحديث؛ ترجمة أحمد عبد الواحد، ط1، الكويت: عالم المعرفة، 2003.

10- جان جاك شوفالييه، تاريخ الفكر السّياسي: من المدينة الدّولة إلى الدّولة القوميّة؛ ترجمة محمّد عرب صاصيلا، ط2، بيروت: المؤسّسة الجامعيّة للدّراسات والنّشر والتّوزيع، 1993.

11- جورج سارتون، تاريخ العلم| بإشراف إبراهيم مدكور وغيره؛ ترجمة جورج حدّاد وغيره، ط3، نيويورك: دار المعارف، 1978، ج2 .

12- جون برنان، العلم في التاريخ؛ ترجمة شكري سعد، ط1، بيروت: المؤسسة العربية للدراسات والنشر، 1982، المجلد الثاني.

13- جوناثان سميث، ما الحروب الصليبية؛ ترجمة محمد الشاعر، ط1، القاهرة: دار الأمين، 1999.

14- حبيب الشاروني، فلسفة فرانسيس بيكون، ط1، بيروت: دار التنوير، 2005.

15- حربي عبّاس عطيتو، ملامح الفكر الفلسفي عند اليونان، لاط.، الإسكندرية: دار المعرفة الجامعية، 1992.

16- حسن حنفي، نصوص من الفلسفة المسيحية في العصر الوسيط، ط1، بيروت: دار التنوير، 2008.
17- حسين مروّة، النّزعات المادّيّة في الفلسفة العربيّة الإسلاميّة، ط4، بيروت: دار الفارابي، 1981، جزءان.
18- ديكارت، التأملات: في الفلسفة الأولى؛ ترجمة وتقديم عثمان أمين، القاهرة: مكتبة الأنجلو مصرية، لات.
19- زكي نجيب محفوظ، ديفيد هيوم، لاط، مصر: دار المعارف، 1958.
20- زكي نجيب محمود وأحمد أمين، قصة الفلسفة الحديثة، ط6، مكتبة النهضة المصرية، 1983.
21- زيغريد هونكه، شمس العرب تسطع على الغرب، ط8، لا مكان نشر: دار الآفاق الجديدة، 1986.
22- س. بورا، التّجربة اليونانيّة؛ ترجمة أحمد السّيّد، لاط.، القاهرة: الهيئة المصريّة العامّة للكتاب، 1989.
23- سلامة موسى، البلاغة العصرية واللغة العربية، ط4، القاهرة: سلامة موسى للنشر والتوزيع، لات.
24- سمير أمين، التراكم على الصعيد العالمي: نقد نظرية التخلف، ترجمة حسن قبيسي، الطبعة (بلا)، بيروت: دار ابن خلدون، 1970.

25- السيّد الباز العريني، المغول، ط1، بيروت: دار النهضة العربية، 1986، ص 234 - 236.
26- صادق جلال العظم، دفاعاً عن المادّيّة والتّاريخ، ط 1، بيروت: دار الفكر الجديد، 1990.
27- طيب تيزيني، من اللاهوت المسيحي إلى الفلسفة العربية الوسيطة، ط1، دمشق: دار الفارابي، 2008.
28- عبد الرحمن بدوي، الموسوعة الفلسفية، ط1، بيروت: المؤسسة العربية للدراسات والنشر، 1984، مجلدان.
29- عبد الرحمن بدوي، مدخل جديد إلى الفلسفة، ط2، الكويت: وكالة المطبوعات، 1979.
30- عبد الرحمن بدوي، فلسفة العصور الوسطى، ط3، الكويت - بيروت: وكالة المطبوعات، دار القلم، 1979.
31- عزمي إسلام ، جون لوك، لا ط.، القاهرة: دار الثّقافة، لا ت.
32- قيس هادي أحمد، نظريّة العلم عند فرانسيس بيكون،[ط1]، بغداد: مطبعة المعارف، 1980.
33- الكتاب المقدّس: العهد القديم، لا ط.، بيروت: دار المشرق، 1986، مجلّدان.
34- كلية آداب جامعة دمشق، تاريخ الفلسفة الحديثة، دمشق: مطبعة رياض الريس، 1983.

35- ليبنتز (ج. ف.)، أبحاث جديدة في الفهم الإنساني، لاط، المغرب: دار الثقافة للنشر والتوزيع، لات.

36- ماهر عبد القادر محمّد علي، مشكلات الفلسفة، بيروت: دار النهضة العربية، 1985.

37- محمّد محمّد مدين، فلسفة هيوم الأخلاقية، ط1، بيروت: دار التنوير، 2009.

38- محمود زيدان، نظرية المعرفة، ط1، بيروت: دار النهضة العربية، 1989.

39- مصطفى لبيب عبد الغني، الكيمياء عند العرب؛ تقديم د. مصطفى شفيق، ط3، القاهرة: مكتبة الأنجلو المصرية، 1985

40- موسوعة العلوم الإسلامية والعلماء المسلمين، لاط، القاهرة: دار مطابع المستقبل، لات.

41- ميخائيل زابوروف، الصليبيون في الشرق، لاط، موسكو: دار التقدم، 1986، ص228.

42- هشام غصيب، الأعمال الكاملة، ط1، عمّان: دار ورد، 2007، 5 مجلدات.

المصادر والمراجع الإنجليزية:

1- Berkeley (G.), *Three Dialogues between Hylas and Philonus,* Edited and introduced by R. M. Adams, 1st edition, U.S.A: Hackett publishing company, 1979.

3- Berryman (Sylvia), 'Democritus and the explanatory power of the void,' in V. Caston and D. Graham (eds.), *Presocratic Philosophy:* Essays in Honour of Alexander Mourelatos, London, 2002.

3- Burnet (J.), *Greek Philosophy,* No Edition, London: Macmillan & Co. Ltd., 1914. Part I.

4- Collinson (D.) & Plant (K.), *Fifty Major Philosophers,* second edition, London: Routledge Books, 2006.

5- Cartledge (Paul), *The Great Philosophers:* Democritus, London, 1997.

6- Cottingham (J.G.), *Descartes,* London: Routledge, 1999.

7- Dobb (Maurice), *Studies in the Development of Capitalism,* [8th. Edition], London: Routledge & Kegan Paul Ltd., 1963.

8- Encyclopedia Britannica, 15th Edition, 1973 - 1974.

9- Farrington (Benjamin), *FRANCIS BACON:* Philosopher of Industrial Science, 2nd. Edition, London: Lawrence and Wishart Ltd., 1951.

10- Farrington (Benjamin), *The Philosophy of FRANCIS BACON,* 2nd. Edition, U.S.A: Phoenix, 1966.

11- Guthrie (W.K.C.), *In the Beginning,* 1st Edition, London: Methuen & Co. Ltd., 1957.

12- Guthrie (W.K.C.), *The Greek Philosophers,* 1st Edition, London: Methuen & Co. Ltd., 1950.

13- Hall (A.R) & Hall (M.B), *A Brief History of Science,* 1st Edition, New York: Signet Books, 1964.

14- Hobbes (Thomas), *Leviathan;* Introduced by J. Plamenatz, 9th. Edition, Glasgow: William Collins Sons & Co. Ltd., 1978.

15- Hume (D.), *A treatise of human nature,* Books I and II (1739) and Book III (1740), ed. L. A. Selby-Bigge, revised P.H. Nidditch, Oxford: Oxford University Press, 1902, 1975, 1978.

16- Lamb (Harold), *The Crusaders,* 1st ed, London: Eyre & Spott, 1999.

17- Leibniz (G.), *Discourse on Metaphysics (1686)* trans P. Lucas and L. Grint, Manchester: Manchester Universiy Press, 1961.

18- Leibniz (G.), *New Essays Concerning the Human Understanding (1704)* trans P. Remnant and J. Bennett, Cambridge: Cambridge Universiy Press, 1981, 1982.

19- Leibniz (G.), *Monadology (1714) in Leibniz: Selections,* ed. P. Wiener, New York: Schribner's, 1951 and New York: Bobbs-Merrill, 1965.

20- Locke (John), *An Essay Concerning Human Under-*

standing (1690), 34th Edition, London: William Tegg., 1864.

21- Locke (John), *A letter Concerning Toleration (1689);* Introduction by P1. Romanell, 2nd. Edition, New York: The Liberal Arts Press, 1955.

22- Locke (John), *Two Treatises of Government (1690),* Cambridge: Cambridge University Pren, 1967.

23- Lloyd (G.), *Routledge Philosophy Guide book to Spinoza and the Ethics,* London and New York, Routledge, 1996.

24- Moriarty (Catherine), *The Voice of the Middle Ages,* 1st ed., New York: Peter Bedrick Book, 1989.

25- Norton (D.F.), *The Cambridge Companian to Hume,* Cambridge: Cambridge University Press, 1993.

26- Russell (B), *History of Western Philosophy,* New edition, London, 1961.

27- Saville (D.), *Routledge Philosophy Guide book to Leibniz and the Monadology,* London: Routledge, 2000.

28- Spinoza (B.), *Treatise on the Correction of the Understanding* (started 1661, published in 1677) trans, Andrew Boyle, London: Everyman Library no. 481, Dent, 1910, 1959, 1963.

29- Spinoza (B.), *Ethics* (started 1663, completed in 1675, published in 1677) trans, Andrew Boyle, London: Everyman Library no. 481, Dent, 1910, 1959, 1963.

30- Stanford Encyclopedia of Philosophy, U.S.A.

31- Taylor (C.C.W.), 1999a, *The Atomists: Leucippus and Democritus. Fragments,* A Text and Translation with Commentary, Canada: Toronto, 1999.

32- Treece (Henry), *The Crusades,* 1st Ed., New York: Mentor Books, 1964.

33- Turner (W), "Introduction: The English Stage", in *King Henry 1V* / Shakespeare, 1/ XXII,XXIII, No Edition, New Delhi: S. Chand &W. Ltd., 1974, part I.

34- Walsh (W. H.), *Metaphysics,* Hutchinson & co. Ltd.. London, 1963.

35- Warhaft (Sidney), *Francis Bacon:* A selection of his works, 1st Edition, Canada: Macmillan Co. Ltd., 1965.

36- Whyte (Lancelot Law), *Essay on Atomism:* From Democritus to 1960, 1st Edition, London: Thomas Nelson & Sons Ltd., 1961.

جدول الأعلام

مارتن لوثر (1483 - 1546)

كلفن (1509 - 1564)

كوبرنيق (1473 - 1543)

تايكو براهي (1546 - 1601)

برونو (1548 - 1600)

جلبرت (1544 - 1603)

كبلر (1571 - 1630)

جون نابيير (1550 - 1617)

وليم هارفي (1578 - 1657)

غاليليو (1564 - 1642)

نيوتن (1642 - 1727)

بيكون (1561 - 1626)

ديكارت (1595 - 1650)

ليبنتز (1646 - 1716)

سبينوزا (1632 - 1677)

توماس هوبز (1588 - 1679)

جون لوك (1632 - 1704)

ديفيد هيوم (1711 - 1777)

كتب أخرى للمؤلف

- عيوب الأبنية (1986 ط1، 2000 ط2).
- الرطوبة والعفن في الأبنية (1991 ط1، 2001 ط2).
- أمثال شعبية مختارة (جمع وتحقيق، 1994)
- فلسفة التحرر القومي العربي (مؤلف مشارك، 2003).
- عباس محمود العقاد: من العلم إلى الدين (2003).
- حـروب الـفـرنج ... حروب لا صـلـيـبـية (2004 ط1، 2008، ط2).
- إسماعيل مظهر: من الاشتراكية إلى الإسلام (2004 ط1، 2008، ط2).
- تنمية التخلف العربي: في ظلال سمير أمين (2004).
- حوارات حول الرطوبة والعفن (2005).
- غالب هلسا مفكراً (مؤلف مشارك، 2005).
- سـلامـة مـوسـى: مـن رواد الـفـكـر الـعـلـمـي الـعـربي المعاصر(2006)
- موسوعة أعلام الفكر العربي الحديث والمعاصر (2008).
- علم البيئة وفلسفتها (2008).

- دليل الأسرة في توفير الطاقة (2008).
- محمّد أركون مفكراً (مؤلف مشارك، مخطوط).
- البيئة في مئتي سؤال (مخطوط).
- ظاهرة الانحباس الحراري (مخطوط).
- الطاقة المتجددة في حياتنا (مخطوط).

العنوان البريدي: ص. ب 830305 عمّان 11183 المملكة الأردنية الهاشمية
العنوان الإلكتروني: Ayoub101@hotmail.com

المحتويات

المقدّمة 7

الفصل الأوّل: من الفلسفة الأيونيّة إلى أرسطو 13

تقديم 15

الفكر الأيوني 17

ديمقريطس (460-361 ق. م) 29

أرسطو (384 - 322 ق. م) 34

الفصل الثاني: العلم الحديث 49

كوبرنيق (Copernicus) (1473 - 1543) 95

تايكو براهي (Tycho Brahe) (1546-1601) 100

برونو (G. Bruno) (1548 - 1600) 104

جلبرت (Gilbert) (1544 - 1603) 108

كبلر (Kepler) (1571 - 1630) 111

جون نابيير (Napier) (1550 - 1617) 116

وليم هارفي (Harvey) (1578 - 1657) 118

غاليليو (Galileo) (1564 - 1642) 125

نيوتن (1642 - 1727) 135

الفصل الثالث: الفلسفة الأوروبيّة الحديثة 141

فرانسيس بيكون (1561-1626) 143

ديكارت (1595 - 1650) 160

ليبنتز (1646 - 1716) 174

سبينوزا (1632 - 1677) 189

توماس هوبز (ت 1679) 200

جون لوك (1632 - 1704) 217

ديفيد هيوم (1711 - 1777) 228

الخاتمة 247

المصادر والمراجع 257

جدول الأعلام 266

كتب أخرى للمؤلف 267

Printed in the United States
By Bookmasters